경제 민주주의에 관하여

경제 민주주의에 관하여

1판1쇄 펴냄 2011년 9월 5일
1판3쇄 펴냄 2015년 10월 19일

지은이 | 로버트 달
옮긴이 | 배관표

펴낸이 | 정민용
편집장 | 안중철
책임편집 | 이진실
편집 | 최미정, 윤상훈, 장윤미(영업)
기획위원 | 박상훈

펴낸 곳 | 후마니타스(주)
등록 | 2002년 2월 19일 제300-2003-108호
주소 | 서울 마포구 양화로 6길 19(서교동) 3층
편집 | 02-739-9929, 9930 영업 | 02-722-9960 팩스 | 0505-333-9960
홈페이지 | www.humanitasbook.co.kr
페이스북 | facebook.com/humanitasbook
트위터 | @humanitasbook
블로그 | humanitasbook.tistory.com
이메일 | humanitasbooks@gmail.com

인쇄 | 천일 031-955-8083 제본 | 일진 031-908-1407

값 12,000원

ISBN 978-89-6437-134-3 93300

이 도서의 국립중앙도서관 출판시도서목록(CIP)은 e-CIP 홈페이지(http://www.nl.go.kr/ecip)에
서 이용하실 수 있습니다.(CIP제어번호: CIP2011001743)

경제 민주주의에 관하여

로버트 달 지음 배관표 옮김

A Preface to Economic Democracy

후마니타스

차례

일러두기

1. 한글 전용을 원칙으로 했다. 고유명사의 우리말 표기는 국립국어원의 외래어 표기법을 따랐다. 그러나 관행적으로 굳어진 표기는 그대로 사용했으며, 필요한 경우 한자나 원어를 병기했다.

2. 본문의 대괄호([   ])와 각주는 옮긴이의 첨언이며, 인용문 안의 옮긴이 첨언인 경우 [-옮긴이]로 표기했다.

3. 본문에서 인용된 인용문의 번역본이 존재할 경우, 참고문헌에 이를 병기했으며, 해당하는 번역본의 쪽수는 본문의 대괄호 안에 병기했다.

감사의 글

이 책은 1981년 제퍼슨 기념 강연에서 발표한 내용을 정리한 것으로 강연 기회를 준 UC 버클리에 감사의 마음을 전하고 싶다. 그리고 여러 가지 유용한 논평을 해준 미국 민주주의 제도 세미나의 예일 대학 동료들, 원고를 검토해 준 캘리포니아 대학 출판사 그리고 조지프 라팔롬바라Joseph LaPalombara, 넬슨 폴스비Nelson Polsby와 애런 윌다브스키Aaron Wildavsky의 도움에 감사드린다. 기업의 통치를 주제로 한 내 수업을 들었던 다양한 연령대의 대학원생들에게 진 빚 역시 결코 작지 않다. 조 벨드 프라츠Jo Beld Fraatz의 연구는 2장을 쓰는 데 큰 도움이 되었다. 마지막으로 여러 가지 유용한 제안과 교정을 해준 편집자 에이미 아인손Amy Einsohn과 편집 및 출판 과정에서 원고를 읽고 도움을 준 선임 편집자 메리 르노Mary Renaud에게도 감사의 마음을 전하고 싶다.

서문

[1787년] 헌법제정회의Constitutional Convention 이후 한 세대 만에 미국인들 — 적어도 백인 남성 시민들 — 은 대체로 다음과 같은 점에서 의견 일치를 이뤘다. 즉, 질서 정연한 사회라면 적어도 정치적 평등과 정치적 자유 그리고 경제적 자유라는 세 가지 요건을 갖추고 있어야 하는데, 당시 미국의 환경에서라면 이와 같은 목표를 달성할 수 있고, 사실상 미국은 이미 이 세 가지 목표에서 상당히 만족스러운 수준에 도달했다는 것이었다. 1831년 알렉시스 드 토크빌Alexis de Tocqueville이 미국인들 사이에서 발견한 것도 바로 이와 같은 심리 상태였다.*

그러나 인간의 조건에 대해 철학적으로 사고했던 몇몇 저명한 관찰자들은 이 세 가지 목표가 서로 대립할 가능성이 다분하며, 사실

---

* 1831년 9개월간 미국을 여행한 토크빌은 이때의 경험을 바탕으로 『미국의 민주주의』 1권(1835)과 2권(1840)을 출간했다.

틀림없이 대립할 수밖에 없다고 생각했다. 존 애덤스John Adams, 토머스 제퍼슨Thomas Jefferson, 제임스 매디슨James Madison을 비롯해 헌법제정회의에 참여했던 매디슨의 동료들 가운데 많은 이들은 정치적 평등이 정치적 자유와 갈등을 일으키지는 않을까 매우 걱정했다. 토크빌이 쓴 『미국의 민주주의』Democracy in America의 주요 주제 — 내가 보기에는 가장 주요한 주제 — 역시 바로 이런 가능성이다. 그는 『미국의 민주주의』 2권의 끝에서 두 번째 장에서, 고대부터 되풀이되던 생각과 크게 다르지 않은 다음과 같은 주장을 펼쳤다.

그 어떤 조건에 있는 사람들 사이에서보다 평등한 사회적 조건에 있는 사람들 사이에서 절대적이고 전제적인 정부가 수립되기 쉽다. 그리고 나는 일단 그런 정부가 그런 사람들 사이에서 수립되고 나면, 그 정부는 사람들을 억압하는 데 그치지 않고 종국에는 각자의 가장 고결한 인간성마저 빼앗을 것이라고 생각한다. 그래서 나는 특히 민주주의 시기에 전제정치를 조심해야 한다고 생각한다. 나는 항상 자유를 사랑해 왔지만, 특히 우리가 살고 있는 지금 이 시기만큼은 자유를 숭배하지 않을 수 없다(Tocqueville 1835/1961, 2:385[893]).

토크빌이 주로 우려했던 것은 평등 — 정치적·사회적·경제적 평등 — 이 정치적 자유와 개인의 독립성을 위협하는 문제였지만, [그보다 50여 년 전] 헌법 입안자들 가운데 많은 사람들이 두려워했던 것은 민주주의, 정치적 평등, 다수 지배 그리고 심지어는 정치적 자유가 재산을 보전하고 자유롭게 처분할 수 있는 재산 소유자의 권리를 위협할 수 있다는 점이었다. 이런 의미에서 민주주의는, 당시의 일반적인 통념대로, 경제적 자유 ― 특히 재산권[재산에 대한 권리]right to property으로 대표되는 그런 종류의 자유 ― 를 위협한다고 간주되었다. 평등과 정치적 자유 사이의 대립과 마찬가지로 이와 같은 민주주의와 재산권 사이의 잠재적 대립도 오래된 논쟁거리였고, 헌법제정회의에서 나온 이런 우려는 그 이후로도 수없이 반복되었다.

토크빌이, 그보다 앞선 제퍼슨을 비롯한 헌법 입안자들과 마찬가지로, 평등이 자유를 위협하는 문제를 고찰하면서 주시했던 사회는, 남성 시민이라면 누구나 자신이 소유한 자원 ― 재산, 지식, 사회적 지위 등 ― 에 있어서 대체로 평등하고, 결과적으로 정치적 결정에 영향을 미칠 수 있는 능력에 있어서도 대체로 평등할 것이라 기대하고 희망하는 것이 결코 불합리하지 않은 그런 사회였다. 이는 그들이 보았던 나라[미국]가 여전히 농업의 비중이 압도적인 곳이었기 때문이었다. 즉, 돈을 받고 일하는 이들 가운데 열 명 중 일곱 명이 농업에 종사하고 있었고, 다수의 시민이 자영농이거나 자영농을 꿈꾸는 농장 노동자였던 것이다. 간혹 자영농들로 구성된 공화국의 주창자들이 우려 섞인 예측을 내놓은 적은 있었지만, 농경 사회가 지금처럼 혁명적으로 변해 미국인 대부분이 현대적 법인에서 일하고 이 법인들이 미국 경제와 사회를 주도해 갈 것이라고는 아무도 예상할 수 없었다. 자원을 평등하게 나눠 가질 수 있었고 한편으로 평등하게 배분할 수밖에 없기도 했던 자영농들로 이루어진 시민들의 오래된 관점은 이 새로운 경제 질서와 더 이상 맞지 않았다. 새로운 경제 질서에서는 기업이 시민의 재산, 소득, 사회적 지위, 교육, 지식, 직업의 명성과 권위 그리고 다른 많은 자원들의 불평등한 배분을 조장했기 때문이다. 토크빌과 그 이전 사람들이 미래에 나타날 새로운 경제 질서가 어떤 모습일지 제대로 예상했더라면, 평등과 자유의 문제를 아마도 다르게 보았을 것이다. 과거의 시각에서는 시민들 사이에서의 평등이 자유를 위협했다면, 새로운 현실에서는 법인 기업의 자유가 오히려 시민들의 정치적 삶에 영향을 미치는 자원의 불평등을 조장했기 때문이다.

따라서 나는 민주주의와 정치적 평등과 같은 가치들을 좀 더 충실히 달성하면서도 우리가 향유하고 있는 개인의 자유를 지금처럼, 아니 지금보다 훨씬 더 보호해 주는 사회가 미국에서 실현 가능한가라는 질문에 답해 보고자 한다. 다시 말해 자유와 평등이 상충 관계에 있기 때문에 우리가 현재 가지고 있는 자유들을 누리기 위해서는 더 많은 평등을 포기할 수밖에 없는 것인지, 그래서 평등을 추구하면 추구할수록 자유를 포기할 수밖에 없는 것인지를 살펴보고자 한다.

좀 더 구체적으로, 나는 현재 우리가 갖고 있는 것과 같은 체계 ─ 적절한 용어가 없어 나는 이를 법인 자본주의라고 부르겠다 ─ 에서 기업의 소유ownership와 통제control로 인해 나타나는 불평등을 줄임으로써 정치적 평등과 민주주의를 강화하는 데 도움을 줄 수 있는(나는 그렇다고 믿는다) 대안적 경제 구조의 가능성을 모색해 보고자 한다. 마지막 세 개 장에서는 대안에 대해 설명하고, 그것이 어떻게 정당화될 수 있는지, 그리고 문제점으로는 어떤 것이 있는지 검토해 볼 것이다.

이와 같은 [대안적 경제 구조의] 가능성을 검토하는 과정에서 나는 자유와 평등의 문제에 대한 연구 범위를 의도적으로 다음과 같이 좁혀, 처음에는 정치적 평등의 문제에, 그리고 이후에는 기업의 소유 및 통제의 결과에 초점을 맞췄다. 그러나 정치적 평등 — 민주적 절차를 통해 스스로를 통치하는 시민들 사이에서의 평등 — 이 중요한 것은 사실이지만 좋은 사회의 기준이 되는 유일한 평등은 아니며, 기업의 소유와 통제 문제가 정치적 불평등을 비롯한 바람직하지 못한 여러 가지 불평등의 유일한 원인인 것도 아니다.

그러나 연구 범위를 축소하는 것은, 다음과 같은 몇 가지 이유에 근거해 정당화될 수 있다고 생각한다. 우선, 평등이라는 일반적인 문제는 너무나 복잡해서 제대로 연구하기 위해서는 일부만 다룰 수밖에 없다. 더글러스 레이Douglas Rae가 평등의 의미와 종류 그리고 가치에 대한 탁월한 분석의 말미에서 다음과 같이 결론 내린 것처럼 말이다.

평등은 개념들 가운데서도 가장 단순하고 가장 추상적인 개념이다. 반면 세상사는 너무나 구체적이고 복잡하다. 이런 평등이 어떻게 세상사를 통치할 수 있겠는가? 당연히 그럴 수 없다. 우리가 실제로 맞부딪치는 평등의 의미는 항상 한 가지 이상이며, 평등 그 자체만으로는 이런 여러 가지 평등들 가운데 어떤 평등을 선택해야 할지 알 수 없다. 단순히 평등을 고집하는 것만으로는 '어떤 평등이냐?'라는 질문에 결코 답할 수 없는 것이다(Rae 1981, 150).

게다가 좋은 사회에 존재할 법한 다양한 종류의 평등들 가운데서도 정치적 평등은 확실히 가장 중요한 요소 중 하나이다. 왜냐하면 그것은 스스로를 보호하는 수단이 될 뿐만 아니라 수많은 여타 중요한 가치 — 여기에는 타인과 협력해 누구나 복종해야 할 법과 규칙들을 결정할 수 있는 자유가 포함되는데, 이는 모든 인간의 자유 가운데 가장 기초적인 요소 중 하나이다 — 의 필요조건이기 때문이다. 이와 비슷하게, 기업의 소유와 통제에서 나타나는 [시민들 사이에서의] 차이 역시, 모든 불평등의 원인은 아니지만, 다양한 종류의 불평등과 밀접하게 관련되어 있다. 즉, 기업의 소유와 통제에서의 차이로 인혜 우리는 존중·존경·지위에 있어서의 불평등, 일상생활에 대한 통제력에 있어서의 불평등, 소득과 부뿐만 아니라 그것과 관련된 모든 기회에 있어서의 불평등, 그리고 성인이나 아이나 할 것 없이 삶의 기회에 있어서의 불평등을 겪는다. 따라서 기업의 소유와 통제에 있어서의 평등을 크게 확장시킨 사회라면, 오늘날 미국 사회보다 훨씬 더 평등한 사회가 될 것이라는 점에는 의심의 여지가 없어 보인다.

법인 자본주의에 대한 대안이 자유를 희생시키지 않고도 정치적 평등을 강화시킬 수 있는지를 따져 보기에 앞서, 우선은 정치적 평등, 정치직 사유 그리고 경제적 자유 간의 관계에 대해 좀 더 명확히 이해할 필요가 있다. 내가 보기에 이들 간의 관계는 보통 잘못 인식되어 왔거나, 지나치게 일반화해서 다룬 결과 그 관계에 관한 주장의 진위를 판단할 수 없었다. 이들 간의 관계에 대한 잘못된 관점을 보여 주는 아주 영향력 있는 사례는 저명한 작가의 매우 유명한 저작에서 찾아볼 수 있다. 그것이 바로 토크빌의 『미국의 민주주의』이다. 1장에서는『미국의 민주주의』1, 2권에서 유추해 낼 수 있는 한도 내에서 이런 관점을 살펴보고, 내가 왜 그의 관점이 몇 가지 결정적 측면에서 잘못되었다고 생각하는지를 설명할 것이다. 2장에서는 민주주의, 정치적 평등 그리고 경제적 자유 간의 관계에 관한 내 생각을 밝힐 것이다. 그리고 나면 마지막 세 장에서 논의되는 대안이 현재 미국인들이 가진 것보다 더 우월한, 자유와 평등으로 이루어진 체계의 한 요소로 보일 수 있을 것이다.

1

평등은
자유를 위협하는가?

오래전부터 많은 사람들은 평등이 자유를 위협한다고 생각해 왔다. 그러나 평등이 정확히 왜 그리고 어떻게 자유를 위협한다는 것일까? 어떤 종류의 '평등'이 어떤 종류의 '자유'를 위협하는 것일까? 그리고 이런 질문들에 대한 대답의 타당성을 판단하려면 우리는 어떤 경험적 근거에 기대야만 할까?

이에 대한 대답들을 찾아볼 수 있는 적절한 장소가 바로 토크빌의 『미국의 민주주의』이다. 왜냐하면 언뜻 보기에 토크빌은 평등과 그 효과라는 문제에 매료되었던 것처럼 보이지만, 그가 가장 관심을 기울이고 가장 중요시한 것은 자유이기 때문이다. 『미국의 민주주의』두 권을 관통하는 근본적인 주제는 평등이 자유를 파괴할 것에 대한 그의 두려움, 그리고 평등과 자유의 공존 방안을 모색하는 것이었다.

그러나 토크빌의 논증과 해법이 항상 명료한 것은 아니기 때문에 나는 그의 논증을 실제 토크빌보다 혹은 그가 원래 의도했던 것보다 훨씬 더 분명하고 도식적으로 만들어 해석해 보려 한다.[1] 나의 처사는 아마도 토크빌에게는 완전히 정당한 일이라 할 수는 없겠지만, 평등이 왜 그토록 자주 자유에 대한 위협으로 간주되는지를 파악하고, 그런 관점은 어떤 측면에서 문제가 있는지를 드러내는 데 도움이 될 것이다.

토크빌의 논증

내가 토크빌이 제시하는 논증의 핵심 전제라고 이해한 것들을 네 가지 명제로 요약해 보면 다음과 같다. 첫째, 문명 세계에서 평등은 확대되고 있으며, 이는 불가피한 현상이다. 미국에 살고 있는 (백인, 남성) 시민들 사이에서 평등은 거의 그것이 도달할 수 있는 자연적 한계 수준까지 실현되었다는 점에서 미국은 세계, 특히 [토크빌의 조국인] 프랑스의 미래를 가늠할 수 있는 시험대라 할 수 있다. 둘째, 자유는 가장 중요한 가치이다. 아마도 평등보다 자유가 실제로 더 중요할 것이다. 하지만 사람들은 자유보다 평등을 더 사랑한다. 평등은 확실히 확대되고 있는 반면, 자유는 살아남을 수 있을지조차 의문스럽다. 셋째, 자유의 필요조건은 권력 행사에 대한 강력한 견제 장치의 존재다. 권력이 집중되면 자유는 고사하기 마련이기 때문이다. 과거 역사를 돌아보면 집중된 권력으로부터 때때로 자유를 보호할 수 있었던 것은 개인과 국가 사이에 존재하는 강력한 중간 조직들intermediate organizations[자율적 결사체들] 덕분이었다. 넷째, 하지만 정치적·사회적·경제적 평등이 보편화되어 있고, 다수의 무제한적 권력 행사를 막을 수 있는 장치가 모두 제거되어 있는 민주국가에서, 다수는 국가를 전제적으로 지배할 수도 있다. "민주주의 정부의 핵심은 다수의 절대 주권에 있다. 왜냐하면 민주주의국가에서는 다수의 절대 주권을 막을 수 있는 방법이 없기 때문이다"(Tocqueville 1835/1961, 1:298[331]). 이와 같은 네 가지 가정들이 합쳐지면서 민주적인 사회 정체에서는 평등이 자유를 파괴하고 말 것이라는 토크빌의 두려움의 근거는 강화된다. 실제로도, 인민들이 민주적일수록 자유는 더욱더 위태로워지는 것처럼 보인다.

여기서 토크빌은 사실상 결정적인 딜레마를 제기하고 있다. 평등이 명백히 민주주의의 필요조건임에도 불구하고, 자유의 필요조건은 아닐 수 있기 때문이다. 게다가 평등은 분명히 자유의 충분조건이 아니다. 거꾸로, 평등은 다수의 독재를 조장하기 때문에 자유를 위협한다. 민주주의의 필요조건이 자유를 항상 위협한다면, 우리는 민주주의와 자유 두 가지 가운데 하나를 선택해야만 할까? 토크빌은 반드시 그런 것은 아니라고 우리를 안심시키며, 사람들(그가 믿었던 미국인들과 같은 이들)이 자유 대 평등의 딜레마에서 벗어날 수 있는 해법을 제시한다. 그러나 토크빌의 해법을 검토하기 전에 우리는 문제 자체를 좀 더 명확히 이해할 필요가 있다.

평등 | 토크빌은 서로 밀접하게 연관되어 있는 두 가지 종류의 평등을 강조한다. 이를 정치적 자원의 평등과 권력의 평등이라고 부르자. 자원과 관련해, 그는 미국인들이 다음과 같은 부분에서 상대적으로 평등하다는 점을 지적한다. 즉, 미국인들은 총기 소지나 민병대의 조직, 치안 등과 관련된 물리적 저항력이나 억압력 등에 있어서, 또 주써에 대한 시민으로서의 법적 권한에 있어서, 그리고 지식과 부, 소득, 사회적 지위에 있어서 어느 정도 평등한 상태에 도달했다. 토크빌은 고대 그리스 시대 이래로 정치 이론에서 일반적으로 받아들여지는 가정에 따라, 이런 자원들이 어느 정도 평등하게 분배된다면 권력 배분, 특히 주 정부(또는 정부들)를 통제하는 권력의 배분에 있어서도 대체로 평등해질 것이라고 생각했다. 토크빌은 당시 미국인들 사이에서 그가 발견했던 보기 드문 사회적 조건의 평등이 가져올 정치적 결과에 대해 이렇게 말한다.

[사회적 조건의 평등이 가져올 정치적 결과는—옮긴이] 쉽게 추론해 낼 수 있다. 분명 평등은 현재 다른 모든 부분에서 그렇듯이 결국 정치 세계에도 발을 들여놓을 것이다. 다른 모든 점에서는 평등한데 딱 한 가지 점에서만은 영원히 불평등한 상태로 남아 있는 사람들을 상상하기란 불가능하다. 결국 그들은 모든 점에서 평등해질 수밖에 없을 것이다[1:113].

하지만 토크빌은 평등한 사람들의 세계에서는 자유의 지위가 불확실하다는 점을 염두에 둘 때, "정치 세계에서 평등"이 확립되는 방식은 다음과 같은 두 가지 방식 가운데 한 가지가 될 것이라고 경고한다.

분명히 모든 시민이 권리를 가지거나, 그렇지 않으면 아무도 권리를 갖지 못하게 될 것이다[1:113].
동일한 사회적 조건에 있는 국가들에서도 두 가지 중대한 정치적 결과 가운데 전자의 결과가 나올 수도 있고, 후자의 결과가 나올 수도 있다. 이 두 가지 결과는 서로 전혀 다르지만 모두 같은 원인으로부터 나온 것이다[1:114].

미국인들은 [두 가지 정치적 결과 가운데] 나쁜 결과인 "절대 권력의 지배"를 피했고, 인민주권을 확립해 지금까지 유지해 왔다(1:46-47 [113-14]). 하지만 토크빌의 가정대로라면, 미국인들 사이에서 자유를 옹호한다는 것은, 자원과 권력에 있어서 놀랄 만큼 절대적 평등에 근접해 있는 다수 인민의 압도적이고 위협적인 힘에 맞서는 것이 된다.

　　토크빌의 논증을 역사적 맥락에서 파악하기 위해, 두 가지 조건을 지적할 필요가 있다. 첫째, 미국은 당시 민주주의라고 부를 만한 체제를 갖춘 유일한 — 전 세계 역사상 최초의 — 국가였지만, 성인 인구의 대부분을 차지하는 여성, 노예 그리고 유색인종 대부분의 정치적 권리를 인정하지 않았기 때문에 현대 민주주의의 포괄성의 기준에는 한참 못 미치는 체제였다. 토크빌이 들여다봤던 미국의 민주주의는 기껏해야 미국 백인 남성들만의 민주주의였다. 둘째, 토크빌이 "미국에서 다수의 무제한적 권력과 그 결과"[1권 15장]를 설명하면서 염두에 두고 있었던 것은 연방 정부라기보다는 개별 주 정부들이었다. 왜냐하면 토크빌이 보기에 "미국 사회를 실제로 지배하는 권위체[authorities]"(1:298[331])는 주들이었기 때문이다. 그래서 그에게 두려움을 안겨 주었던 것은 미 공화국 정부가 아니라 "미 공화국들의 정부들"(1:317[347])이었다. 실제로 미연방 헌법은 권력분립, 연방주의 그리고 권리장전[Bill of Rights]•을 채택해 "다수의 전제를 완화"하고, "미연방에서 민주 공화정을 유지"(1:319-92[351-412])하도록 했다. 이 점은 뒤에서 다시 살펴보겠지만, 문제의 초점을 주 정부에 맞췄다고 해서 토크빌의 논증이 가지는 의미가 크게 약해지는 것은 아니다.

자유 | 우리는 정치적 자원의 평등을 통해 강화된 정치적 평등이 정확히 어떻게 자유를 위태롭게 하는지 의문을 가질 수 있다. 토크빌은 몇 가지 가능성을 제시한다. 첫째는 중우정치[mob rule] 또는 협박 정치인데, 이와 같은 정치는 우중이 여론을 등에 업고 있기에 더더욱 강력해진다. 이런 상황에서는 배심원들이 죄인에게 제대로 판결을 내리지 못하기 때문에, 피해자는 법의 보호를 제대로 받지 못한다(1:306-7[338-9] n.1). 미국인들은 종종 법을 자

• 연방헌법을 제정해 연방 정부가 탄생하고 연방 정부가 많은 권한을 부여받자, 반연방주의자들은 연방 정부의 강화가 전제적 통치를 초래할 수 있다고 비판했다. 이런 이유로 1789년에 권리 보호와 관련된 조항들을 추가했는데, 이때 추가된 10개 조항들을 권리장전이라 통칭한다.

의적으로 집행해 왔으며, '린치법'lynch law●처럼 모순적인 말을 만들어 낸 이들도 다름 아닌 미국인들이었다. 그러나 토크빌 이후 우리가 겪었던 한 세기 반의 기간을 살펴보면, 군중 행동mob action이 미국적 병폐 가운데 하나이긴 하지만(누군가는 과거의 일이었으면 하고 바라겠지만), 그것이 민주주의국가에서 일반적으로 나타나는 일은 아니었음을 알 수 있다. 오히려 토크빌 시대 이후 민주화된 일부 국가에서는 법을 비정상적으로 맹종하는 사례를 발견할 수 있다. 아마도 중우정치적 경향은 평등보다는 국가들 간의 — 그리고 국가들 내에서의 — 사회적·문화적 차이와 더 관련이 깊다고 할 수 있다. 이는 미국에서 수차례 발생했던 중우정치의 심각성을 축소하려는 것이 아니라 중우정치가 민주주의국가의 일반적인 특성은 아니라는 뜻이다.

하지만 토크빌은 평등한 사람들로 구성된 사회의 다수 집단이 가진 권력 속에서 두 번째 위험을 포착해 냈다. 즉, 이런 사회에서는 다수가 이견의 가능성을 약화시킴으로써 여론 그 자체를 지배할 위험이 있다는 것이다. 토크빌의 견해에 따르면, 평등한 사람들의 집단에

● '린치법'은 독립전쟁 시기 치안판사로 영국군에 동조하는 사람들을 자의적으로 재판했던 찰스 린치(Charles Lynch, 1736~96)의 이름에서 유래했다는 설이 유력하다. 치안 문제를 해결한다는 명목으로 정식 재판 없이 흉악범을 자의로 처벌하는 사형(私刑)을 뜻했으나 이후에 오면 정치적 우위에 있는 다수가 불법적으로 소수에 가하는 폭력 행위를 의미하게 되었다. 대표적으로 흑인이 시민권을 획득한 이후에도 계속되었던 백인들의 테러 행위가 이에 해당한다.

서는 자연적으로 동조^{conformity} 경향이 나타난다(1:309-16[340-47]; 2:8-13[568-73]). 토크빌은 이런 경향이야말로 미국에서 민주주의가 갖고 있는 가장 심각하고 우려스러운 결점이며, 민주주의 그 자체에 내재된 결점이라고 생각했다. 하지만 그가 매우 중요한 문제를 지적했음에도 불구하고, 지배적 여론이 개개인의 견해에 미치는 영향은 너무나 복잡하고 모호해 이 문제를 충분히 논의하기 위해서는 이 책의 범위를 넘어서는 더욱 광범위한 이론적·경험적 연구가 필요하다.

나는 이와는 다른 두 가지 위험이 민주주의 질서에서의 평등 대 자유라는 쟁점과 좀 더 직접적인 관련이 있다고 생각한다. 하나는 엄격한 법적 절차를 통해 다수가 소수를 억압할 수 있다는 것이며, 다른 하나는 민주적 사회가 모든 자유를 말살하면서도 인민의 욕구를 충족시키면서 그들의 지지를 획득하는 대중 독재^{mass-based despotism}를 낳을 수 있다는 것이다.

법을 통한 다수의 전제

모든 사람의 권리는 정의라는 틀에 의해 제한된다. …… 집단적으로 놓고 봤을 때 다수는 그 의견이, 그리고 가장 일반적으로는 그 이해관계가, 소수라 불리는 또 다른 존재와 대립하는 존재라 할 수 있다. 절대 권력을 지닌 한 인간이 그 권력을 악용해 적대자를 해할 수 있다는 점을 인정한다면, 다수 역시 그렇게 하지 않는다는 법

이 있는가?(1:304[336])

민주주의에서 다수와 다수의 대표는 비록 합법적이지만 정의롭지 않은 행동을 할 수 있다는 토크빌의 주장은 정치사상에서 흔히 제기되는 문제이다. 그러나 이런 가능성을 주장하는 것은 한 가지 문제 ― 아니 그보다는 일련의 문제들 ― 를 제기하는 것일 따름이다.

이론적 문제들 | 우선, (토크빌의 말마따나) 다수가 권력을 악용해 적대자를 해할 수 있다고 할 때 이를 판단하기 위해서는 분명히 몇 가지 기준이 필요하다. 그 기준은 무엇일까? 미국에서 노예제 철폐나 소득세 부과, 사회보장제도의 도입과 같이 중요한 법적 변화에 반대하던 사람들은 매번 그것이 다수 권력의 횡포이거나, 심하게는 명백한 다수 전제라고 몰아붙였다. 그렇다면 우리는 다수의 이익과 소수의 이익이 상충할 때마다, 다수가 그저 자신의 이익을 보호하려고 행동한다는 이유만으로 다수는 필연적으로 권력을 남용한다고 말할 수 있을까? 이런 비난은 불합리하다. 다수의 이익을 보호하는 것이 바로 민주적 절차가 추구하는 목표 가운데 하나이기 때문이다. 토크빌 스스로 말했듯이, "다수의 도덕적 권력[힘-옮긴이] power은 다수의 이익이 소수의 이익보다 우선한다는 …… [원칙에] …… 기초하고 있기 때문이다"(1:300[333]).

따라서 우리는 다수가, 자신의 우월한 권력을 사용해, 소수에게 부당하게[정의롭지 않게]unjustly(그리고 아마도 전제적으로) 행동하는 다수 지배의 사례들을 규명해 볼 필요가 있다. 그러나 다수가 권력을 정당하게 행사하는지 아니면 부당하게 행사하는지를 구분하려면 어떤 기준이 필요할까? 또 다수가 부당하게 행동했던 일은 모두 다수 전제의 사례일까? 아니면 다수 전제는 다수가 부당하게 행동한 사례들 가운데 한 가지 특이한 사례에 불과할까?

어떤 법이 부당한지 혹은 심지어 전제적인지를 판단하는 기준을 정할 때(부당한 것이 반드시 전제적인 것을 의미하지는 않는다고 가정하자), 그 기준을 너무 넓게 잡으면 사실상 민주주의나 다수 지배는 그 정의 定義만으로도 정당하지 못한 것이 된다. 예를 들어 누군가에게서 기존의 법적 권리를 빼앗거나 그 사람의 이익을 어떤 식으로든 침해하는 법은 모두 부당하다거나 전제적이라고 규정한다면 기준을 너무 넓게 잡은 것이다. 대부분의 법은 기존의 법적 권리를 변화시키며 어떤 측면에서는 누군가의 이익을 침해하기 마련이어서, 이렇게 넓게 정의하다 보면 기존의 법을 바꾸는 일은 모두 부당한 것이라는 불합리한 결론이 나오게 된다.

전제tyranny의 정의를 어떤 사람의 '본질적 이익'essential interest을 침해하는 것으로 좀 더 좁혀 보자. 제임스 피시킨James Fishkin이 보여 주었듯이, '본질적 이익'을 합리적으로 해석한다 해도, 어떤 상황에서 어떤 정책은 부당한 것이 되거나 그렇지 않으면 전제적인 것이 되는 둘 중 하나의 상황에 봉착한다. 예를 들어 이렇게 가정해 보자. 아동노동이 부당하다고 할 수 있는 어떤 상황이 존재한다. 동시에 고용주의 본질적 이익은 아동을 고용하는 것이고, 기존의 법은 고용주가 아동을 고용할 법적 권리를 보장하고 있다. 이 경우, 아동노동을 법적으로 금지할 수 없다면 부당한 일이 될 것이고, 아동노동을 금지한다면 정부는 불가피하게 전제적으로 행동하는 것이 될 것이다. 이런 종류의 문제는 다수결 원칙에 어떤 대안적인 수적 조건을 달아 조정해봐도 해결할 수 없다. 예를 들어, 분명히 다수의 '전제'를 막을 수 있는 만장일치제라 할지라도 모든 고용주에게 정책에 대한 거부권을 부여하게 될 것이므로 단 한 명의 고용주가 부당한 아동노동을 금지하는 법안을 통과시키지 못하도록 할 수 있다(Fishkin 1979, 19ff.). 단순한 다수결 원칙에서부터 만장일치제 사이에 존재하는 어떤 방식도 똑같은 문제를 안고 있는 것이다.

그렇다고 부당하다거나 전제적이라는 것을 아주 좁게 정의하면 그 개념의 의미가 사실상 소멸하는 정반대의 문제에 봉착한다.[2] 예를 들어 바람직한 절차를 거쳐 이루어진 결정은 그 자체로 정당한 결정이라고 정의해 보자. 이런 정의를 따른다면, 우리는 민주적 절차가 바람직하다고 믿기만 하면, 민주적 절차에 따라 이루어진 결정은 모두 정의롭다는 결론에 이를 수 있다. 하지만 분명히 이런 결론은 받아들일 수 없다. 절차적 정의는 물론 매우 중요하다. 절차적 정의만이 보증 가능한 유일한 정의일지도 모른다. 하지만 우리에겐 바람직한 절차를 거쳐 나온 결과가 그 자체로 정의로운 것인지 되물을 권리가 있다. 배심원 제도는 정의로운 절차이며 주요 형사재판에서는 다른 어떤 방법보다 정의로울 수 있다. 하지만 배심원들의 판단이 사실상 내용상substantively 항상 정의롭다고 볼 수는 없다. 마찬가지로 민주적 절차가 절차상 정의롭다 생각한다 할지라도, 완전히 민주적인 절차를 통해 내린 결정이 때로는 사실상 부당할 수 있다고 주장할 수 있다.

따라서 부당하거나 전제적인 사례와 일반적으로 민주적 절차를 사용한 경우를 구분할 만한 마땅한 기준이 없다면, 토크빌이 우려했던 다수의 권력 남용이나 소수에 대한 부당 행위, 다수의 전제와 같은 문제가 정말 발생하는지, 얼마나 자주 발생하고 얼마나 심각한지를 판단하기 힘들다. 불행히도 『미국의 민주주의』에서는 내가 제기한 이런 종류의 질문들에 대해 궁색한 답변만 하고 있기 때문에 우리는 다른 곳에서 해답을 구해야만 한다.[3]

다수가 부당하거나 전제적으로 행동한 사례들을 구분할 수 있는 만족스러운 기준을 세울 수 있다 하더라도 중요한 문제는 여전히 남아 있다. 민주주의 체제의 성과performance를 무엇과 비교해야 할까? 어떤 수용할 만한 기준에서 볼 때 민주주의가 때로는 부당하게 ― 심지어는 전제적으로 ― 작동한다고 가정해 보자. 하지만 같은 기준으로 보면, 모든 체제가 때로는 부당하게 그리고 전제적으로 작동할 수 있다고 볼 수 있지 않을까? 그럼 우리는 어떻게 해야 할까? 피시킨이 증명했듯이, 전제를 아무리 제한적으로 정의한다고 해도 ― 다수의 전제에 관한 논의들 대부분이 가정하고 있는 것보다 훨씬 좁게 정의할지라도 ― 전제를 막을 수 있는 이론적 보장책은 없을 것으로 보인다. 다수결 원칙부터 만장일치제에 이르기까지 그것을 다양하게 변형한 절차상의 조건들로도, 또는 절대적인 권리나 존 롤스의 공정성 fairness에 관한 두 가지 원칙●과 같은 '구조적 원칙들'로도 전제를 막을 수 없다(Fishkin 1979).

얼토당토않은 정의를 따르지만 않는다면, 다수가 소수의 이익을 침해할 수도 있고, 부당하게 행동할 수도 있으며, 실제로 전제적으로 행동할 수도 있다는 점은 쉽게 보여 줄 수 있다. 그러나 다른 모든 체제에서도 부정의不正義와 전제가 일어날 수 있다면, 이런 해악의 가능성을 완전히 막지 못한다는 것이 민주주의나 다수결 원칙만의 결점이라고 할 수는 없을 것이다. 이제 질문은 민주주의가 다른 어떤 체제보다도 이런 종류의 잘못을 범할 가능성이 더 큰가로 바뀐다. 실제로는 민주주의가 잘못을 범할 가능성이 훨씬 적지 않을까?

하지만 이런 의문들에 답하기 위해서는 자유와 평등의 대립에 관한 논의에서 종종 혼동하곤 하는 두 가지 쟁점을 구분할 필요가 있다. 첫째로, 우리는 어떤 다른 종류의 체제regime — 즉, 비민주주의 체제 — 가 사람들의 자유를 더 잘 보장해 줄 수 있는지 살펴보아야 한다. 둘째로, 민주주의 체제가 사람들 간의 자유를 보장하는 데 있어서 비민주주의 체제보다 우월하다 할지라도, 민주주의 체제 역시 기

● 모든 사람은 자유에 대해 평등한 권리를 갖는다는 자유 우선성의 원칙과 최소 수혜자에게 최대한의 이익을 보장해야 한다는 차등의 원칙을 말한다.

본권과 자유를 자주 침해하고 있지는 않을까? 만약 그렇다면 어느 정도까지가 평등과 다수결 원칙 때문에 발생한 자유의 침해일까?

비민주주의 체제와의 비교

토크빌의 기준에 따르면 민주주의 체제가 비민주주의 체제보다 더욱 광범위한 자유를 보장한다는 점에는 의심의 여지가 없다. 물론 실제로 존재하는 민주주의 체제의 실제 성과를 가상의 비민주주의 체제의 이상적인 성과와 비교한다면, 민주주의가 더 열등해 보일 수도 있다. 하지만 반대로 이상적인 민주주의 체제의 이상적 성과와 실제 비민주주의 체제의 실제 성과를 비교한다면 민주주의적 이상의 장점은 엄청나게 크다고 할 수 있다. 그러나 이렇게 비교해서는 [어떤 체제가 자유를 더 많이 보장하는지] 알 수 없다. 이상적인 체제들만 놓고 본다면, 토크빌이 말한 대로, 민주주의가 더 나아 보일 것이다. 왜냐하면 그 어떤 이상적 체제도 민주주의만큼 그토록 많은 사람들에게 그토록 폭넓은 범위의 정치적 자유를 보장해 줄 수는 없기 때문이다. 게다가 그 어떤 이상적 체제도 민주주의만큼 가장 기본적인 자유의 형태들 가운데 하나인, 자치 절차에 대한 완전한 참여의 자유를 대부분의 성인에게 보장해 주지는 못한다.

그렇다면 이제 현실에 실제로 존재하는 체제들을 검토해 보도록 하자. 당시의 토크빌은 역사 속의 모든 체제들과는 매우 다른 배경을 가졌던 미국의 짧은 역사적 경험 이상으로 나아가지 않았다. 그러나 몇 안 되는 사례에 불과하긴 하지만, 민주적이라고 부를 수 있는—토크빌의 기준을 포함해, 합리적인 기준에서 판단했을 때—체제가 그 이전에도 있었다. 그럼에도 불구하고 토크빌은 독자들에게 체계적인 비교를 제시하지 않았다. 그러나 나는 토크빌이, 1832년 당시 (노예제, 토착 인디언들에 대한 잔혹한 학살, 그리고 여성의 법적 예속이 존재했음에도 불구하고) 대부분의 미국인들이, 고대 아테네와 로마 공화정과 같은 예외적인 경우를 제외한다면, 과거부터 당시까지 존재했던 그 어떤 체제의 인민들보다 더 높은 수준의 정치적 자유와 시민적 자유를 향유했다는 주장에 이의를 제기하지 않을 것이라고 생각한다. 오늘날에도 민주주의국가는 비민주주의국가보다 훨씬 더 안정적으로 정치적 권리와 자유를 보장해 주고 있다.

민주주의국가에 살고 있는 사람들이 비민주주의국가에 살고 있는 사람들보다 더욱 폭넓은 정치적 자유를 누리고 있다는 점을 발견했다고 해서 그것이 놀랄 만한 일은 전혀 아니다. 왜냐하면 민주주의 절차는 그와 같은 권리 및 자유와 불가분의 관계에 있기 때문이다. 엄격한 방법론자들이 보면 결과적으로 그 관계는 '허위적'이라 할 것이다. 왜냐하면 어떤 국가가 정치적 권리와 시민적 자유를 얼마나 보장하고 있는지 그 순위를 매기는 데 사용되는 지표들이 민주주의국가와 비민주주의국가를 구별하는 데도 사용되곤 하기 때문이다. 그럼에도 불구하고 민주주의적 절차와 권리 및 자유 사이에 존재하는 불가분의 관계는 분명히 민주주의에 대한 토크빌의 우려를 불식시키는 데 있어 중요하다. 그 관계가 허위적이라는 것은 특정한 방법론적

의미에서만 그러할 뿐이다. 실제 전 세계 국가들을 놓고 볼 때 정치
체계를 구분하는 데 있어 그것은 매우 중요하다.

기본적 자유의 침해

많은 이들에게 민주주의 체제가 비민주
주의 체제보다 정치적 자유와 시민적 자
유를 훨씬 잘 보장해 준다는 결론은 감옥에 있지 않은 사람이 감옥에
있는 사람보다 더 많은 자유를 향유한다는 말과 마찬가지로 당연한
이야기로 들릴 것이다. 민주주의 체제하의 자유와 비민주주의 체제
하의 자유를 비교해 보는 것만으로는 토크빌이 제기했던 다수 전제
의 문제를 정면 돌파하는 데 충분하지 않은 것 같다. 왜냐하면 열등
한 체제들과 비교할 경우에만 성과가 만족스러운, 그저그런 민주주
의 체제에 만족해야 할 하등의 이유가 없기 때문이다. 그렇다면 민주
주의의 성과를 비교해 볼 수 있는 기준은 없을까? 만약 그런 기준이
있다면, 그리고 적어도 몇몇 시기에 민주주의가 그 기준에 미치지 못
한다면, 평등과 다수의 권력은 이 실패에 얼마나 책임이 있을까?

이는 너무나 대답하기 힘든 미묘한 질문들로, 여기서도 토크빌은
거의 도움이 되지 못한다. 하지만 우리가 합리적으로 동의할 수 있는
몇 가지 권리들을 도덕적으로 '양도 불가능'inalienable4하다고 간주할
수 있는 기본권으로 규정함으로써 우선 논의를 풀어 나갈 수 있을 것
이다. 그러고 나면 이런 기본권들이 현재 또는 과거에 민주적 정부에
의해 침해된 바 있는지, 그리고 얼마나 침해받고 있는지 판단해 볼

수 있다. 토크빌과 미국의 헌법 입안자들 그리고 다수의 전제를 두려워했던 많은 사람들이 특히 관심을 두었던 두 가지 권리는 정치적 권리와 경제적 권리, 특히 재산권이었다. 경제적 권리에 관해서는 다음 장에서 다루고 이 장에서는 정치적 권리를 먼저 살펴보도록 하겠다. 잠시 후 나는 몇 가지 정치적 기본권들의 이론적 토대를 제시할 것이다. 그동안 우리는 정치적 기본권에 투표권, 언론의 자유, 사상의 자유, 공무담임권, 자유롭고 공정하며 적당한 빈도로 치러지는 선거에서의 투표권 그리고 정당을 포함한 정치적 결사의 자유 등이 포함된다는 점에 동의할 수 있을 것이다. 이를 정치적 기본권들primary political rights이라고 부르도록 하자.

평등과 민주주의는 이런 정치적 기본권들을 어느 정도로 위협할까?

앞에서도 언급했듯이, 토크빌은 어쩔 수 없이 [미국이라는] 단 하나의 국가에서 두 세대 정도가 경험한 것만을 가지고 논의를 펼칠 수밖에 없었다. 하지만 이제 토크빌 이후 150년이라는 시간이 더 흘렀을 뿐만 아니라, 현대적 기준으로 봤을 때 한 세대 이상 민주주의 제도를 유지해 온 36여 개 국가들의 경험이 있다. 불행하게도 토크빌 시대 이후로 민주주의국가에서의 정치적 권리에 대한 비교사적 연구가 이루어진 적은 없었다. 그러나 역사적 기록을 살펴보면 민주주의국가에서 정치적 기본권은 꾸준히 강화되고 확대되어 왔음을 확인할 수 있다. 예를 들어 선거권은 1830년의 미국과 비교했을 때 오늘날 모든 민주주의국가에서 훨씬 확대되었다. 또한 1830년에는 비밀투표가 드물었지만 오늘날 비밀투표는 기본적으로 보장되는 사항이다. 게다가 야당(반대파)oppositions의 권리는 크게 확대되었다. 많은 민주주의국가에서 선거에 참여하는 합법적 정당들의 면면을 살펴보면, 혁명적(체계적으로 폭력적이지는 않지만) 좌파에서부터 반민주적 이념을 신봉하는 우파에 이르기까지 다양해졌다. 법적으로 보호받고 있는 출판물의 스펙트럼은 훨씬 더 다양하다. 사상과 표현의 자유는 민주주의국가들에서 과거 그 어느 때보다도 훨씬 더 보호받고 있다.

몇 가지 중요한 측면에서 미국은 이례적인 국가였다. 미국 내에서 인종적 소수자들의 정치적 기본권 박탈과 인권침해는, 희생자의 규모로 보나 그 심각성에 있어서, 다른 민주국가에서 유례를 찾아볼 수 없을 정도였다. 미국이 이처럼 민주적 기준으로부터 벗어나 있었던 이유는, 다른 민주주의국가들과는 달리 거주민들 가운데 상당수가 소수자로서 장기간의 노예 생활 끝에야 명목적 시민권을 획득했고, 인종적으로 뚜렷이 구분되는 탓에 계층상으로도 종속적 계층으로 뚜렷이 분리되어 있었다는 사실을 가지고 부분적 설명이 가능하다. 짧았던 미국의 재건 시기Reconstruction•를 제외하면, 남부 지역에서 흑인들의

• 남북전쟁 이후 집권한 공화파가 남부 주(州)들을 연방으로 재편입하기 위해 개혁 정책을 추진했던 기간(1865~77)을 말한다. 이 시기 동안 연방 정부는 노예제를 금지하고 흑인에게 시민권과 선거권을 부여하는 수정헌법 13, 14, 15조를 제정하는 등 개혁을 단행했다. 하지만 남부 농장주들은 주법이나 지방조례 등을 통해 이를

정치적 권리가 제대로 보장된 것은 1960년대 중반 이후의 일이다. 하지만 이런 극단적인 경우에서조차 역사는, 비록 지지부진하긴 했지만 정치적 권리를 축소하지 않고 확대하는 방향으로 흘러왔다.

또한 미국은 미국적 정통American orthodoxies으로부터의 이탈에 대한 두려움이 정치적 소수, 특히 좌파의 권리를 침해하는 편집증적 마녀사냥의 형태로 유난히 자주 그리고 잔인하게 나타난 특이한 국가이기도 하다(Hofstadter 1965). 하지만 미국의 역사적 배경을 좀 더 폭넓게 바라보고 다른 민주주의국가의 경험까지 살펴보면, 민주주의에서 정치적 기본권이 법적으로 더 잘 보호받고 있을 뿐 아니라 그것이 보장해 주는 기본권의 범위 역시 확장되고 있다고 결론 내릴 수 있다. 민주주의 체제의 초기에 나타나는, 권리를 빼앗고 부정하는 일은 점차 줄어들거나 사라지고 있지, 늘어나고 있지는 않다.

토크빌은 이 점에 대해서는 침묵하고 있기 때문에, 이런 결론이 그의 가정들에 얼마나 부합하는지는 확신할 수 없다. 하지만 민주적 절차를 거쳐 통과된 법이 정치적 기본권을 침해하는 사례가 민주주의국가들의 일반적 특징이라는 주장을 뒷받침하는 역사적 증거를 찾기는 힘들어 보인다. 현대 민주주의 체제는, 체제 초기에 비해 법적으로 보호받는 정치적 권리의 범위가 확대되었고 그 권리를 실질적

무력화하고자 했으며, 개혁을 추진했던 공화당 역시 민주당과 타협하면서 이런 개혁안들은 조기에 종식되었다. 이후 남부의 백인 기득권 질서를 타파하려는 노력은 중지되었고, 남부 흑인들의 격리와 차별은 그 후에도 1세기 가까이 지속되었다.

으로 행사할 수 있는 성인 인구의 비율도 늘어났다는 점에서, 역사적으로나 당대의 그 어떤 체제들과 비교해도 유일무이한 체제이다.

민주주의와 권리 사이의 관계를 이론적으로 어떻게 보느냐에 따라 이런 결론은 당연할 수도 있고 놀라울 수도 있다. 민주주의 질서 아래에서의 정치적 권리의 본질을 여러 가지 서로 다른 관점에서, 때로는 서로 대립적인 관점에서 볼 수 있기 때문이다. 이런 관점들이 모두 근본적으로는 동일한 권리들을 도출해 낸다 하더라도 민주주의와 권리들 간의 관계에 대해 생각하는 방식이 함축하는 바는 매우 다를 수 있다. 그 가운데 하나 — 이를 권리우선설theory of prior rights이라고 하자 — 는 미국인들에게 익숙한 관점으로 헌법의 근저를 이루는 사상에도 간접적으로 반영되어 있다. 권리우선설에 의하면 (정치적 권리를 포함한) 기본권들이 어떤 의미에서 민주주의보다 앞선다. 기본권은 민주주의 및 민주적 절차와는 별도로 도덕적 실체와 지위 그리고 존재론적 기반을 가진다. 이 관점에 따르면 어떤 기본권들은 민주주의보다 우선할 뿐만 아니라 민주주의보다도 우월하다. 기본권은 민주적 절차에 의해 이루어질 수 있는 행위도 제한한다. 따라서 권리우선설에서 정치적 기본권은, 필요하다면 민주적 절차에 대항해서 행사할 수 있는 시민의 권리이다. 정치적 기본권이 가능하게 한 자유는 민주적 절차에 의해 위협받을 가능성이 있다. 따라서 정치적 기본권과 자유를 보호하기 위해서는 민주적 절차를 통해 지배하는 시민들이 정치적 기본권과 자유를 침해하지 못하도록 해야 한다는 결론이 뒤따른다.

정치적 기본권에 대한 또 다른 사고방식은 민주주의적 발상에 좀 더 부합한다. 이는 정치적 기본권이 민주적 절차에 필수적인 모든 권리들로 구성되어 있다고 본다. 이런 관점에 따르면 민주적 절차를 통해 스스로를 통치할 권리[자치권]right to self-government는 한 개인이 소유할 수 있는 가장 기본적인 권리들 가운데 하나이다. 양도할 수 없는 권리라는 것이 실제로 있다면, 자치권이야말로 양도할 수 없는 권리일 것이다. 따라서 자치권을 침해하는 것은 필연적으로 양도할 수 없는 기본적 권리를 침해하는 것이 된다. 그런데 사람들이 스스로를 통치할 권리가 있다면 자치를 위해 필요한 모든 권리들, 즉 민주적 절차에 필수적인 모든 권리들도 부여받는 것이다. 이런 추론에 따르면, 일련의 정치적 기본권들은 인간에게 부여된 모든 권리들 가운데서도 가장 기본적 권리, 즉 자치권에서 비롯된다고 할 수 있다.

결국 민주적 절차에 필수적인 권리들에는 내가 앞서 설명한 모든 정치적 권리들 ─ 사람들에게 더 익숙한 권리우선설의 입장에서는 민주주의보다 우위에 있고 민주주의에 의해 위태로워질 수 있다고 간주되던 것들 ─ 이 포함된다고 할 수 있다.

만약 다수가 완전히 합법적으로 민주적 절차를 거쳐 행동한다고 할지라도 법의 지배를 받는 어떤 개인의 기본권을 축소하려 한다면, 토크빌을 비롯해 많은 이들이 우려했던 것처럼 민주주의에서 전제가 출현할 것이다. 나는 이런 우려가 비합리적이라고 생각하지는 않는다. 하지만 앞서 살펴본 정치적 기본권을 보는 관점에 따라서 문제의 성격이 이론적으로 어떻게 달라지는지 주목해야 한다.

우선, 더 이상 자유를 한편으로 하고 평등 내지는 민주주의를 또 다른 한편으로 하는 단순한 갈등 관계는 존재하지 않는다. 왜냐하면 민주주의 자체가 기본권이라면 한 개인의 기본적 자유는 부분적으로 그 권리를 행사할 수 있는 기회들로 구성되기 때문이다. 자유와 민주적 권리들을 가진 다수파에 속한 시민들이 자신들의 권리를 행사하는 과정에서 소수의 권리와 자유를 제한한다면, 갈등 관계는 다수의 자유·권리와 소수의 자유·권리 사이에 존재하는 것이다. 평등이 문제가 된다면, 기본적 권리들과 자유의 체계 내에 존재하는 권리들을 동등하게 요구하는 것이 문제인 것이다. 이런 종류의 평등이라면 토크빌이 제기한 문제를 염려하는 사람들이라 해도 문제 삼지 않을 것이다.

게다가 다수가 소수에게서, 또는 다수 그 자신에게서 정치적 기본권들 가운데 어떤 것을 박탈하려 한다면 그 과정에서 이미 민주적 절차는 그만큼 파괴되는 것이다. 만약 다수가 그런 짓을 저질렀고 그 결정이 단순한 실수가 아니라면, 다수는 그만큼 민주적 절차 그 자체를 지키지 않았다고 보면 된다. 반대로 사람들이 민주적 절차를 따른다면, 실수가 아닌 이상, 어떤 시민들의 정치적 기본권을 침해하는 일은 없을 것이다.

이 문제 때문에 민주주의 이론이 혼란에 빠지곤 했기 때문에 두 가지 경우를 구분해 보는 것이 도움이 된다. 즉, 다수 대 소수의 권리가 대립하는 경우와 다수 대 민주주의 그 자체가 대립하는 경우를 살펴보자.

1. 다수 대 소수

다수가 자신들의 정치적 기본권을 행사해 소수의 정치적 기본권을 빼앗을 권리가 있을까? 이에 대한 답을 하다 보면 역설에 빠지게 된다. 즉, 다수가 그렇게 할 수 없다면 결과적으로 다수가 권리를 빼앗긴 꼴이 된다. 하지만 만약 다수가 그렇게 할 수 있다면, 이번에는 소수가 그 권리를 빼앗긴 꼴이 되는 것이다. 따라서 어떤 해법도 민주적인 동시에 정당할 수는 없다. 하지만 내가 보기에 이 딜레마는 허위적이다.

물론 다수가 소수의 정치적 권리를 침해할 수 있는 권력power과 힘strength을 가지고 있을 수 있다. 현실에서는 오히려 권력을 가진 소수가 다수의 정치적 권리를 침해하는 경우가 그 반대의 경우보다 더 많아 보이지만 말이다. 어쨌든 이 문제에 대해 판단을 내리려면 권력의 역학 관계에 대한 경험적 분석이 필요하며, 경험적 분석 없이는 이런 권리들에 대해 충분히 논의하기가 힘들 것이다. 그러나 여기에서 쟁점이 되는 것은 이런 경향에 대한 순수한 경험적 분석이 아니다. 문제는 다수가 소수의 정치적 기본권을 빼앗기 위해 자신의 정치적 기본권을 정당하게 행사할 수 있는지 여부다.

대답은 분명히 '아니오'이다. 바꿔 말하면, 논리적으로, 한 집단의 모든 구성원이 민주적 절차에 따라 스스로를 통치해야 한다면서, 그 가운데 다수는 소수의 정치적 기본권을 침해해도 된다고 말할 수는 없다. 왜냐하면 그렇게 함으로써 다수는 소수가 민주적 절차에 필수적인 권리를 가지는 것을 부정하는 꼴이 되기 때문이다. 결국 이는 다수가, 그 집단의 모든 구성원이 민주적 절차를 통해 스스로를 통치해서는 안 된다고 단언하는 꼴이 된다. 어떻게든 이 두 진술집단 구성원 모두에 의한 자치의 원리와 다수가 소수의 기본권을 침해할 수 있다는 주장이 동시에 성립할 수는 없다.

2. 다수 대 민주주의

시민들의 집합체인 데모스demos가 민주적 절차에 의한 통치를 원치 않는다고 결정할 수도 있지 않을까? 인민이 민주적 절차를 이용해 민주주의를 비민주주의 체제로 바꿀 수도 있지 않을까? 또다시 우리는 다음과 같은 역설에 부딪힌다. 만약 사람들에게 권리가 없다면 민주적으로 스스로를 통치하는 것은 불가능하다. 반대로 사람들이 권리를 갖고 있다면 독재자가 통치하는 정부를 민주적으로 선택할 수도 있다. 어떤 경우에도 민주적 절차는 실패하게 되는 것이다.

경험적으로, 데모스가 민주적 절차를 이용해 그 절차를 파괴하기로 결정할 수도 있다는 점은 분명하다. 민주적 절차가 존재한다고 해서 그것이 다수가 그 절차를 파괴하는 것을 막는 확실한 장벽이 되기는 힘들다. 이런 경험적 가능성은, 일반적으로든 특정 사람들 사이에서든, 민주적 절차가 얼마나 바람직한지 평가하는 데 있어 중요하다. 시행착오로 얼룩진 민주주의의 역사에서 다양한 사람들이 투표를 통해 번번이 민주주의를 파괴해 버렸다면, 민주주의 체제들은 자기 파괴적인 경향이 강해서 민주주의 이념이 근본적으로 결함을 지니고 있다는 비관적인 결론에 도달할 수도 있을 것이다. 하지만 당장의 의문은 경험적으로 어떤지가 아니라, 데모스가 분명히 할 수 있는 일을 실제 행하는 것이 정당하게 행동하는 것인지, 즉 다른 말로 표현하자면 데모스에게 권력이 있다고 해서 그것을 실행할 권한도 갖고 있는가이다. 문제를 이런 식으로 제기해 보면, 데모스가 민주적 절차를 통해 정당하게 민주주의를 파괴할 수 있다는 논증은 다수가 소수의 권리를 정당하게 박탈할 수 있다던 앞선 논증과 마찬가지로 발상 자체가 잘못된 것이다. 두 논증은 본질적으로 동일하기 때문에, 이 딜레마는 앞의 경우와 마찬가지로 허위적이다. 한 사람이 민주적으로 스스로를 통치하는 것이 바람직하다면, 비민주적인 통치를 받는 것은 바람직할 수 없다. 민주주의가 바람직하며 정당하다고 생각하는 사람이, 동시에 민주주의가 바람직하지 않으며 따라서 민주적 절차를 파괴하는 것이 정당하다고 생각하는 것은 논리적으로 불가능하다.

따라서 정치적 기본권은 민주적 절차에 필수적이기 때문에 민주적 절차를 존중하는 사람은 이 권리들을 (논리적으로) 지지할 수밖에 없다. 반대로 그들이 이를 다 알고도 정치적 기본권을 침해하려 한다면, 이는 그들이 민주적 절차를 거부한다고 공언하는 것이다. 토크빌이 다수의 전제가 미국인들과 같이 민주적 절차를 존중하는 사람들 사이에서 등장할 것을 두려워했다고 해석할 수 있다면, 이는 그가 정치적 기본권과 민주적 절차의 관계를 이론적으로 잘못 이해했기 때문이다.

이런 이론적 고찰들은 다수의 전제를 막아 주는 데 있어서 미약하고 형식적인 장치를 제공하는 데 지나지 않는 것처럼 보일지도 모른다. 하지만 실제로는 이런 이론적 고찰들이 권리를 지켜 주는 가장 강력한 보호막으로 발전할 수 있다. 왜냐하면 한 국가의 국민에게 민주적 절차가 바람직하다는 믿음이 부족하고, 습관적으로나 관습적으로나 문화적으로 이런 믿음이 뿌리 깊지 않다면 민주적 절차는 지켜지기 힘들기 때문이다. 기본권에 대한 서로 다른 두 가지 시각이 존재하긴 하지만, 민주주의의 논리는 불가사의한 것이 아니다. 민주적 절차와 정치적 기본권 간의 관계는 실천이성이나 상식을 벗어날 정도로 추상적인 것이 아니다. 민주적인 인민, 지도자들, 지식인들 그리고 법조인들이 정치 체계가 갖추어야 할 요건들을 고찰해 본다면, 정치적 기본권이 실제로 필요하다는 것을 인식하게 될 것이고 그런 권리를 위한 보호막들을 개발할 것이다. 그 결과 민주주의를 지지하는 사람들 사이에서는 당연히 정치적 기본권이 바람직하다는 신념이 민주주의 자체에 대한 신념과 서로 뒤섞이게 될 것이다. 따라서 안정된 민주주의에서는 모든 정치적 기본권에 대한 보호가 정치 문화 — 이런 문화는 특히 법조인들과 같이, 권리를 해석하고 시행하는 데 특별한 책임이 있는 사람들에 의해 전파되어 왔다 — 의 본질적 요소가 될 것이다.

이 지점에서, 『미국의 민주주의』를 잘 아는 사람이라면 지금까지의 이론적 논의가 결국 토크빌의 입장으로 돌아가는 것은 아닌지 의아해 할 것이다. 『미국의 민주주의』 1, 2권을 읽은 독자라면 누구나 그가 민주주의와 자유와 평등 사이의 균형을 유지하기 위해서는 관습customs 및 습관habits, 그리고 모레스mores●의 중요성을 매우 강조하고 있다는 점을 기억해 낼 것이기 때문이다.

그러나 그 명제를 검토하기 전에 우리는 평등의 동학 때문에 발
생할 수 있는 ['법을 통한 다수의 전제' 상황과는] 또 다른 상황을 검토할
필요가 있다. 토크빌의 관점에 따르면, 이로 인해 민주주의가 새로운
종류의 억압으로 변질될 수 있기 때문이다.

대중 독재

지금까지의 논의만으로 민주주의가 일종의 대중 독재를 만들어 내는
자연적 온상이 될 가능성을 완전히 배제할 수는 없다. 소수의 민주주
의국가들만이, 마치 죽을병에 걸렸다 기사회생한 사람처럼, 평등의
위협을 이겨 낼 수 있는 충분한 저항력을 갖춘 정치 문화를 가까스로
발전시킨 결과, 정치적 자유와 민주주의의 생존을 보장할 수 있었던
것은 아닐까? 만약 그렇다면 이들보다 운이 나빴던 나라에서는 평등

• 라틴어 모레스는 불어로는 mœurs, 영어로는 morals 또는 manners를 의미한
다. 한국어로는 '관습', '습속', '모럴' 등으로 번역되고 있다. 현대적 용어로 하면 '문
화'와 가장 근접한 말로 인간의 정신 상태, 성질, 생활 태도, 예절과 도덕뿐만 아니
라 사회의 관습, 풍속, 도덕까지 모두 포괄하는 개념이다(박홍규, 『누가 아렌트와
토크빌을 읽었다 하는가』, 글항아리, 2008 참조).

의 동학이 이미 민주주의를 붕괴시켰을 것이다. 그런 국가들은 민주주의가 자멸하는 역사적 과정의 피해자가 되었을 것이다. 민주적 절차에 필수적인 모든 정치적 기본권을 보장하고 있고, 따라서 겉으로는 현재 매우 건강해 보이는 민주주의국가에서조차, 평등의 효과가 불치병처럼 이미 사회 전반에 치명적으로 퍼져 가고 있을지도 모른다. 혹시 민주주의, 평등 그리고 정치적 기본권이 공존하는 상태는 민주적 질서가 시작되었다가 대중 독재로 전환하는 과도기 단계에 불과한 것은 아닐까?

토크빌은 『미국의 민주주의』 1권을 마무리한 후 이런 고민에 더욱더 빠져든 듯하다. 토크빌은 2권의 말미에 다음과 같이 썼다. "5년간 이 주제를 좀 더 정확히 검토해 보고 깊이 숙고해 봤지만 나의 근심은 줄어들지 않았으며, 단지 근심의 대상이 바뀌었을 뿐이다"(2:378[886]). 이어서 토크빌은 민주주의국가들에서 두려워해야 할 완전히 새로운 형태의 독재가 출현할 것이라고 예상한다. 이는 모든 정치학 저술들 가운데 가장 인상적인 구절 중 하나이다.

나는 민주주의국가를 위협하는 억압은 지금까지 존재했던 그 어떤 것과도 다른 형태일 것이라고 생각한다. 현재 사람들의 기억 속에는 그 억압의 원형이 없다. 내 생각들을 모두 정확하게 전달할 수 있는 표현을 찾아보려 했지만, 모두 허사였다. 옛날부터 써왔던 단어인 독재despotism나 전제tyranny로는 이를 설명할 수 없다. 상황 자체가 변했다. 흔히 사용되는 개념으로는 표현할 수가 없어서 민주주의국가를 위협하는 억압의 형태를 내가 직접 정의해야만 한다.

나는 독재가 출현하는 상황에는 어떤 새로운 특징이 있는지 추적해 보고자 한다. 우선 가장 먼저 내 눈에 띄는 것은 모두가 평등하고 비슷비슷한 수많은 군중 multitude이다. 이들은 끊임없이 사소하고 하찮은 즐거움을 추구하며, 그것으로 자신들의 삶을 채워 나간다. 따로따로 살고 있는 이들 각각은 다른 사람의 운명에는 무관심하며, 자녀와 친구들이 그에게는 전 인류나 다름없다. 그 외의 다른 동료 시민에 대해서는 가까이 있어도 보지 못하고, 접촉해도 느끼지 못한다. 그들은 자신의 테두리 안에서 혼자 살고자 한다. 그들에게 친척은 남아 있을지 몰라도, 국가는 아무런 의미가 없게 되었다고 할 수 있다.

이런 부류의 사람들 위에는 거대한 후견 권력tutelary power이 생겨난다. 이 권력은 그들의 욕망을 만족시켜 주며 그들의 운명을 돌봐 주겠다고 자처한다. 이 권력은 절대적이고 세심하며, 규칙적이고 신중하며 또한 관대하다. 부모의 권위가 한 인간이 성인이 되도록 교육시키기 위한 것이라고 한다면, 이 권력은 부모의 권위와 유사하다. 그러나 이 권력은 반대로 인간을 계속 어린아이 상태에 묶어 두려 한다. 만약 즐기는 것 외에는 관심이 없다면 즐길 수 있을 것이다. 이런 정부는 사람들의 행복을 위해서 기꺼이 노력하면서, 이 행복의 유일한 대리인이자 중재인이 되려고 한다. 정부는 사람들의 안전을 보장하고 생필품을 공급해 주며 유흥거리를 제공한다. 또 걱정거리들을 처리해 주고, 산업 활동을 감독해 주고, 재산 상속 문제를 조정하고 유산을 분배해 준다. 사람들의 근심거리를 없애 주고 생활 속 어려움까지 해결해 주는데 무엇이 더 필요하겠는가?

이렇게 해서 자유로운 주체로서 인간의 활동은 점점 무용해지고 사라져 간다. 정부는 인간의 의지를 아주 좁은 틀 안에 묶어 버리고 사람들을 점차 쓸모없는 인간으로 만드는 것이다. 평등의 원리는 사람들로 하여금 이런 상황들을 받아들이도록 하고, 인내하게 하며, 혜택으로 여기도록 만들어 왔다.

최고 권력은 이렇게 개개인을 손바닥에 올려놓고 좌지우지할 수 있도록 만든 다음 전 사회로 손을 뻗친다. 최고 권력은 세심하고 복잡하며 획일적인 규칙들의 네트워크로 사회 전체를 덮어 버리기 때문에, 가장 독창적이고 적극적인 사람조차도 이런 상황을 뚫고 자신을 돋보이게 할 수 없게 된다. 이는 인간의 의지를 말살하는 것은 아니지만, 약화시키고 굴복시켜, 다른 곳으로 유도한다. 무엇을 하라고 강요하는 일은 없지만, 행동을 항상 구속한다. 권력이 존재를 파괴해 버리는 것은 아니지만, 존재를 방해한다. 전제를 펴는 것은 아니지만, 인민을 억압하고 무력화하고 침묵시키고 마비시켜 마침내 개개인은 정부라는 양치기의 감시를 받는 겁 많고 부지런한 짐승으로 전락한다(2:380-81[888-90]).

이런 비관적인 예측을 어떻게 해석해야 할까? 이는 토크빌이 복지국가를 예견한 것으로 볼 수도 있다. 토크빌 시대 이후 거의 모든 민주주의국가는 복지국가로 성장했으며, 특히 스웨덴 같은 나라에서 이는 특이할 정도로 발달했다. 복지국가는 시민을 법적·정치적·경제적 그리고 정신적으로 국가 관료에 의존하게 함으로써 시민의 자유와 독립성을 축소시켰다는 비판을 받아 왔다. 하지만 토크빌을, 복지국가가 정치적 권리를 비롯한 여타 권리들과 자유에 미치는 영향에 관한 작금의 진부한 논쟁에 뛰어들 사람으로 본다면, 내가 생각하는 것보다 그를 상당히 과소평가한 것이다. 이번에도 토크빌이 의도했던 바를 완전히 확신하기는 힘들지만, 그의 생각을 다른 식으로 해석해 보는 것이 내게는 더 유익할 것 같다.

토크빌의 관점에서 이렇게 가정해 보자. 그가 민주주의국가의 중요한 특징이라고 보았던 평등이, 그 파괴적인 효과가 나타나기에 충분한 시간이 흘러, 20세기의 그토록 경악스러웠던 대중 기반 권위주의 체제와 비슷한 뭔가를 많은 사람들이 지지하게 되는 데 이바지했을 것이라고 말이다. 토크빌이 이런 체제가 등장할 것이라고, 또는 이런 체제들이 공공연하게 폭력과 강압, 억압을 사용할 것이라고 정확히 예견했다고 주장하는 것은 어리석은 일일 것이다. 대중 기반 권위주의 체제 정부들의 실제 모습과 비교했을 때 토크빌이 예측했던 체제는 더 온건한 모습이었을 수 있다. 그러나 그가 예측한 대로 대중에 기반을 둔 수많은 현대 권위주의 체제의 권력은 그 체제의 지지자들과 옹호자들에게 "절대적이고 세심하며, 규칙적이고 신중하며, 또한 관대한" 것처럼 보였을 수 있다는 점에 주목할 필요가 있다.

이번 장의 앞부분에서 토크빌의 논증을 요약하면서 토크빌이 딜레마를 제기한다고 말한 바 있다. 그 딜레마란 상당 수준의 사회적·경제적·정치적 평등이 없다면 민주주의는 성립할 수 없는데, 민주주의의 핵심이리고 할 수 있는 바로 그 평등이 자유를 위협한다는 것이다. 그 딜레마는 앞의 인용문에서도 나타난다. 민주주의는 평등을 필요로 하지만 평등이 확산되면 민주주의 체제가 역사상 선례가 없는 형태의 독재로 변질될 가능성이 상존한다는 것이다. 우리는 토크빌의 예측을 다음과 같이 정리해 볼 수 있다. 즉, 민주주의국가들에서 민주주의에 필수적인 조건의 평등은 결국 고립된 개인들과 가정으로 구성된 고도로 원자화된 사회를 만들어 낼 것이며, 안전·소득·보호·

편의와 같은 광범위한 대중적 욕망을 충족시켜 주지만 동시에 정치적 권리를 축소시키고 민주적 절차를 파괴하는 체제에 대한 다수의 지지를 낳을 것이다.

토크빌의 예측이 옳다면 평등의 장기적 효과와, 평등과 민주주의 간의 밀접한 관계 때문에 민주주의는 자멸하고 말 것이다. 구체적으로 말해서 그의 예측이 옳다면 상당 기간, 그러니까 한 세대나 그 이상 민주주의를 유지한 국가에서는 적어도 다음의 세 가지 변화를 발견할 수 있어야 한다. 즉, 사회는 고립된 개인들로 원자화된다. 그리고 민주주의는 권위주의 체제로 대체된다. 또한 이런 체제 변화는 폭넓은 대중의 지지 속에서 이루어진다.

1923년부터 1936년까지 이탈리아, 독일, 오스트리아, 스페인에서 민주주의 제도들이 붕괴하고 권위주의 체제가 들어서는 것을 목격한 많은 학자들은 토크빌의 예측이 옳았다고 생각했다. 이탈리아에서는 파시즘이 정권을 장악했지만 독일과 오스트리아, 스페인에서는 민주주의가 아직 붕괴하지 않았던 시점인 1930년에 출간된, 오르테가 이 가세트José Ortega y Gasset의 『대중의 반역』The Revolt of the Masses은 대중을 기반으로 하는 민주주의의 붕괴를 내다본 것으로 유명했다. 이후 몇십 년 동안 20세기 대중민주주의의 등장으로 정치적 자유와 자유민주주의가 파멸할 것이라는 주장이 빈번히 제기되었다. 이런 주장은 주로 모국에서 민주주의가 붕괴하는 것을 목격했던 망명학자들, 대표적으로 한나 아렌트Hanna Arendt, 에밀 레더러Emil Lederer, 지그문트 노이만Sigmund Neumann에 의해 시작되었고, 이 이론들은 1959년 미국 사회

학자인 윌리엄 콘하우저William Kornhauser의『대중사회의 정치』The Politics of Mass Society에서 체계적으로 도입되는데, 이 책의 기반이 된 것이 바로 토크빌의 관점이었다.

이 학자들이 제기했던 대중민주주의 이론은 신랄한 비판을 받았다. 그러나 이 이론이 주로 강조했던 것은 사회의 원자화와 고립되고 뿌리 뽑힌 채 고독하게 남겨진 개인들로부터 파시즘이 출현했다는 점이었기 때문에, 이론에 대한 비판 역시 이런 특징에 집중되었다. 윌리엄 앨런William S. Allen은 1930년 한 독일 마을의 사회적 특성을 역사적으로 재구성한 뛰어난 연구를 통해 독일인들은 고립되어 있었던 것이 아니라 결사체들의 치밀한 네트워크에 속해 있었다는 것을 보여 주었다. 특히 기존 대중민주주의 이론에 치명타를 가한 것은 당시 조직들이 계급에 따라 분열되어 있었다는 사실이었다(Allen 1965). 베른트 하트베Bernt Hagtvet는 최근 논문에서 앨런의 사례를 비롯한 상당량의 증거를 제시해 바이마르 공화국의 몰락은 대중민주주의 이론가들의 생각과는 달랐다는 점을 보여 주었다(Hagtvet 1980). 물론 다른 나라들까지 분석해 보지는 않았기 때문에 원자화 이론이 전적으로 틀렸다고 단언할 수는 없다. 하지만 이 이론은 대부분 독일에서 망명한 학자들이 독일에서 겪은 경험을 바탕으로 나왔기 때문에, 결정적인 사례[독일]에서 그 이론이 맞아 떨어지지 않는다면 그 이론의 신빙성은 상당한 타격을 받을 수밖에 없다.

앞서 지적했듯이, 대중민주주의 이론의 지지자나 비판자 모두 고립의 결과 권위주의가 출현했다는 가정에 초점을 맞추었다. 다양한 증거들은 이들 사이의 관계가 허위적임을 시사하지만, 그럼에도 정치적·사회적 평등을 주장하는 운동이 권위주의적 운동을 지지하게 되는 과정은 토크빌이 보여 준 경로를 따르는 것처럼 보일 수 있다. 따라서 시간이 충분히 흐르면 현대 민주주의에서 권위주의적 움직임이 나타나 결국 권위주의 체제로 전환하는 경향이 있다는 가설을 20세기 대중 기반 권위주의 체제의 등장으로 설명할 수 있는지를 확인해 볼 필요가 있다. 가설의 타당성을 확인하기 위해서는 현대 민주주의가 독재로 전환한 사례를 모두 검토해 보면 좋을 것이다. 20세기에는 13개국에서 민주주의 체제(또는 의사 민주주의 체제)가 독재 체제로 전환했음을 확인할 수 있었다. 그 사례로는 1923~25년의 이탈리아, 1926년의 포르투갈, 1930년의 아르헨티나, 1933년의 독일, 1933~34년의 오스트리아, 1936년의 스페인, 1948년의 베네수엘라, 1949년의 콜롬비아, 1964년의 브라질, 1967년의 그리스, 1968년의 페루, 1973년의 칠레, 1973년의 우루과이가 있다.[5]

그런데 놀랍게도 대부분의 사례들이 이 가설을 지지하지 않는다. 더욱이 다섯 가지 측면에서 이 사례들은 가설과 완전히 배치된다.

1. 민주주의가 붕괴한 시점을 살펴보면 우루과이 외에는 모두 민주주의를 채택한 지 20년이 채 안 된 나라들이었다. 민주주의가 붕괴한 것은 사회적·정치적 평등이 장기적으로 영향을 미쳐서가 아니라 민주주의 제도가 이들 나라에서는 너무나 생소했고, 취약했으며, 정통성을 확보하지 못했기 때문이라고 보는 것이 훨씬 타당하다. 이들

나라에서는 대부분 민주적 습관과 실천habits and practices이 뿌리내리지 못한 상태였다. 실제로 독일의 경우 전통적인 권위주의 체제와 다름 없었던 비민주주의 체제에서 민주주의 체제로 전환한 지 얼마 되지 않은 상태였다. 일부 국가들의 경우 폐쇄적인 과두 정권 때문에 제도 권 밖으로 밀려났던 야당들이 이제 막 정치적 권리를 획득하던 참이 었다. 한편 이탈리아나 칠레 같은 나라들에서는 선거권이 성인 남성 까지 확대된 지 한 세대도 지나지 않은 시점이었다. 이런 기준으로 민 주주의를 살펴본다면, 이탈리아는 무솔리니가 1925년 집권하던 당시 민주주의 체제가 들어선 지 13년밖에 되지 않았고, 1930년의 아르헨 티나는 14년,[6] 1933년의 독일은 14년, 1934년의 오스트리아는 15년, 1936년의 스페인은 2년, 1968년의 페루는 14년밖에 되지 않았다. 중 남미에서 몇 안 되는 민주주의국가 가운데 하나로 다른 모든 측면에 서는 완전히 민주적이었던 칠레에서조차 1958년과 1962년의 개혁 으로 선거권이 확대되기 전까지는 선거인 등록이 제한되어 있어서 "등록된 선거인 수는 비교적 소수였다"(Gil 1966, 207).

내가 찾을 수 있는 유일한 예외적 사례는 우루과이였다. 20세기 초부터 1933년 가브리엘 테라Gabriel Terra 대통령이 쿠데타를 일으키기 전까지 우루과이에서는 민주주의가 상당히 잘 시행되고 있었다. 테 라와 그 후계자들이 10여 년에 걸쳐 대통령의 자리에서 위헌적인 통 치를 한 후인 1942년에야 우루과이는 "테라가 중단시켰던 민주적 생 활 방식으로 복귀했다"(Pendle 1963, 36). 따라서 우루과이는 상대적 으로 민주주의가 장기간 유지되었음에도 불구하고 내부에서 싹튼 권위주의 체제에 의해 전복된 유일한 사례라고 할 수 있다.[7] 반면 20년 이상 민주주의 제도들이 유지되어 온 국가는 최소한 26개국이며, 일부 국가의 경우 훨씬 오랫동안 유지되었다.[8]

2. 더구나 민주주의 체제가 권위주의 체제로 전환된 국가들에서, 민주주의 제도는 이식된 지 얼마 되지 않아 뿌리를 내리지 못한 상태였을 뿐만 아니라, 경우에 따라서는 붕괴된 그 [민주주의] 체제마저도 부분적으로만 민주화되어 있었던 전통적 과두 체제에 불과했다. 예를 들어, 콜롬비아는 1910년 경쟁적 과두제에서 1940년 소위 '과두적 민주주의'로 발전하기는 했지만, 보수당과 자유당 사이의 치열한 경쟁에도 불구하고, 투표 참여율은 (북미 기준으로 보더라도) 대체로 낮았고 "야당에 대한 주기적 억압과 부패가 항존하고 있었다"(Wilde 1978, 30-31, 44).[9] 아르헨티나에는 시민권이 없는 이민자들이 많아서 성인 남성의 절반 가까이가 선거권이 없었다. 그리고 노동계급 내에서 이민자의 비율이 높았기 때문에(도시 지역의 경우 대략 60퍼센트 정도였다), 노동계급 가운데 상당수가 사실상 선거권을 박탈당한 상황이었다.

3. 게다가 이들 국가에서는 대체로 상당수 지도층과 일반 국민들이 평등주의, 정치적 평등, 민주주의 사상 그리고 민주주의 제도에 적대적이었다. 독일 바이마르공화국 시대 유권자들은 45퍼센트만이 민주주의 체제를 선호했고, 35퍼센트는 우파 권위주의 체제를 그리고 10퍼센트는 공산주의 체제를 선호한 것으로 추산된다. 따라서 민

주주의에 관한 찬반양론은 거의 동수를 차지하고 있었고, 나머지 10
퍼센트는 민주주의와 권위주의를 두고 결정을 내리지 못하던 부동층
이었다(Lepsius 1978, 38). 사실상 선거권을 박탈당하고 정치적으로 차
별받던 아르헨티나 노동계급이 페론에 대한 지지로 — 그것도 압도
적인 지지로 — 돌아선 것은 놀라운 일이 아니다. 이처럼 아르헨티나
에서 민주주의의 정통성은 하층계급 사이에서도 취약했지만, 상층계
급에서는 더욱 취약했다. 전통적 과두 계층은 '잘못된' 다수가 선거에
서 승리하게 내버려둬서는 안 된다는 원칙을 고수했다. 1912년 선거
법으로 마침내 자유선거와 공정 선거가 보장되었을 때에도 기존 과
두 계층의 후예인 보수당은 다수 지배의 정당성을 끈질기게 부정했
다. 1920년대 들어 다수당이 된 급진당이 보수당과의 연정을 원하지
않는 것으로 보이자 낭패에 빠진 보수당은 군부 쿠데타를 지지했다
(Botana 1977, 174-202; Smith 1978; O'Donnell 1978).

4. 더욱 중요한 사실은 민주주의나 유사 민주주의에서 권위주의
로의 이행이 대중의 압도적 지지의 결과(민주적 절차를 통해 이루어졌다
고 느껴질 만큼)로 발생한 적은 거의 없었다는 점이다. 권위주의로 이행
하기 이전에, 이들 나라는 대체로 매우 분열되어 있었거나, 독일, 오
스트리아, 콜롬비아, 칠레처럼 적대적 진영으로 나뉘어 대립하고 있
었다. 사실상 모든 국가들은 민주적 절차를 통해서가 아니라 반민주
적이고 권위주의적인 지도자들이 폭력적으로 정권을 장악해 민주주
의 제도를 순식간에 그리고 공공연히 파괴함으로써 권위주의로 전환

되었다. 물론 히틀러는 1933년 1월에 합법적으로 제국 총리가 되었다. 하지만 히틀러는 곧바로 헌법상의 시민권을 정지시켰고, 1933년 3월의 선거는 "대중적 불안을 조성하고, 공산주의자들과 사회주의자들을 위협하면서"(Lepsius 1978, 73) 치러졌다.* 그럼에도 불구하고 나치당은 44퍼센트밖에 득표하지 못했기 때문에 다수당이 되기 위해서는 보수파들이 득표한 8퍼센트가 필요했다. 그렇게 권력을 잡은 히틀러는 순식간에 바이마르공화국의 자취를 없애 버렸다.

몇몇 국가들에서 ― 독일은 그 가운데 하나였다 ― 권위주의 체제는 성인 다수의 지지를 받았을 수도 있다. 현대의 권위주의 국가가 여론을 조작하고 탄압할 수 있는 전례 없이 엄청난 능력을 갖추고 있다는 점에서, 이는 그다지 놀라운 일이 아니다. 하지만 그런 일이 얼마나 자주 있었을지, 그리고 설령 있었다 하더라도 다수가 언제 소수로 전락할지는 확실히 모르는 일이다. 이와 같은 가정에 가장 잘 들어맞는 사례가 바로 아르헨티나다. 아르헨티나 정치에 가장 정통한 학자 가운데 하나인 오도넬Guillermo O'Donnell은 1946년에서 1955년까지 통치

---

* 1933년 1월 30일, 대통령 힌덴부르크에 의해 수상에 임명된 히틀러는 3월 5일에 총선을 실시하겠다고 발표했다. 선거를 앞두고 베를린의 국회의사당 건물이 화재로 잿더미가 되고, 현장에서 공산주의자 이력을 지닌 네덜란드인이 증거도 없이 현행법으로 체포되자 히틀러는 이 화재를 '공산주의 혁명의 시작'이라 매도하면서 비상사태를 선포하고, 공산당원과 사회주의자들을 무더기로 체포하거나 추방해 버렸다. 이렇게 해서 3월 선거는 공산당 없이 치러질 수 있었다.

기간 동안의 페론을 "의심의 여지가 없는 다수 독재자"라고 묘사했다 (O'Donnell 1978, 164). 페론이 실각할 당시부터, 아르헨티나의 자유주의자들과 보수주의자들은 페론주의자들이 투표에 참여하도록 하면 페론이 어쨌든 최다 득표를 할 것이라는 점을 잘 알고 있었다. 그래서 페론을 반대하던 사람들은 딜레마에 빠졌다. 즉, 자유선거와 공정한 선거를 실시하면 페론이 승리할 텐데 이를 내버려 둬야 할 것인가, 아니면 다수 유권자들의 자유로운 선택을 막아 페론이 승리하지 못하도록 해야 할 것인가? 어떤 쪽이라도 민주주의의 패배는 뻔했다.

5. 그러나 페론주의가 나타난 것은 평등이 과해서가 아니라 정치적·사회적·경제적 불평등에 대한 대중의 불만이 컸기 때문이었다. 페론의 사례를 통해 내가 말하고자 하는 주요 논점을 다음과 같이 정리해 볼 수 있다. 분석 대상이 되었던 나라들의 사회적·경제적 평등은 높은 수준이 아니었다.[10] 대부분의 경우 불평등은 실제로 극심했거나, 그렇다고 느끼고 있었다. 불평등은 분열과 양극화를 초래해 시민들끼리 등을 돌리게 만들었고 민주주의 제도에 대한 불신을 조장했으며, 결국 데스카미사도스*descamisados*의 지도자들이 권력을 장악하

---

* 데스카미사도스는 '셔츠를 입지 않은 사람들'을 뜻하는 스페인어로 주로 빈곤층으로 이루어져 있던 페론의 추종자들을 일컫는 말이다. 원래는 아르헨티나의 엘리트들이 모욕적인 의미를 담아 사용했으나, 페론 스스로가 이 말을 적극 차용하면서(그가 대선 캠페인을 위해 타고 다녔던 기차 이름도 이것이었다) 일종의 자부심

게 하려는 목적에서건 그들을 권력에서 배제하려는 목적에서건, 독재를 지지하도록 만들었다. 이런 국가들에서 자유가 위협받았다면, 그것은 평등이 너무 많아서가 아니라 평등이 너무 적었기 때문이다. 민주적 인민이 자유를 파괴하는 성향을 갖도록 만드는 가장 근본적 요인이라고 토크빌이 생각했던 조건의 평등은 이들 사례에서 없었다.

소결

그렇다면 토크빌의 생각은 근본적으로 잘못된 것인가? 반드시 그렇지만은 않다. 왜냐하면 토크빌은 민주주의적 평등이 반드시 자유를 파괴할 것이라고 주장한 것은 아니기 때문이다. 토크빌은 단지 그럴 가능성이 있다고 주장했을 뿐이다. 하지만 그는 특정한 조건, 즉 미국과 같은 조건을 갖추었다면 평등이 자유와 융합될 수 있다고도 했다. 물론 토크빌이 미국의 조건과 제도가 유럽이나 다른 곳에서 그대로 재현될 수 있다거나 재현되어야 한다고 생각한 것은 아니다. 그는 다른 국가에서는 꼭 미국과 같은 특성이 아니더라도 어떤 일반적인 요인들에 의해 민주주의와 자유가 가능할 수 있다고 생각했다(1:384ff.[405]).

이 담긴 말이 되었다.

그가 특히 강조한 것은 다음과 같은 네 가지 요인이었다.[11] 그중 하나는 경제적 풍요나 '물질적 번영'의 일반적 확산이다. 토크빌의 통찰이 있은 지 한 세기 반이 지난 지금, 우리는 실제로 경제적 풍요와 민주주의 간에 매우 강한 상관관계가 있다는 것을 확인할 수 있다. 오늘날 인도와 그리스, 포르투갈과 같은 일부 예외적인 나라들을 제외하면 일인당 GNP(국민총생산)가 높은 나라들에서만 민주주의 제도가 유지되고 있다. 경제적 번영이 민주주의의 필요조건이나 충분조건은 아니지만 민주주의 제도의 출현과 보전을 크게 촉진한다는 것에는 의심의 여지가 없다. 하지만 증거들을 곡해해서도 안 된다. 최근 많이 사용되는 경제지표를 가지고 1832년 미국과 당시 산업 국가들을 비교해 보면, 미국은 상대적으로 빈곤했다고 볼 수 있다. 민주주의를 실현하는 데 오늘날 선진 산업 국가들과 같은 경제적 부나 물질적 풍요가 필요한 것은 아니다. 그보다는 경제적 풍요, 공정성, 기회에 대한 지각이 보편화되어 있어야 하며, 이런 조건은 절대적인 기준에 입각한 것이 아니라 상대적인 혜택이나 박탈에 대한 인식에 입각해 형성되는 것이다(Dahl 1971, 62ff.도 참조).

　　또한 토크빌은 권력과 사회적 기능들이 상대적으로 독립된 다수의 결사체, 조직 그리고 집단으로 분산되는 것이 중요하다고 강조했다. 그는 독립적인 신문의 역할(1권 11장), 독립적인 전문가로서 법률가의 역할(1권 16장), 정치적 결사체들의 역할(1권 12장) 그리고 시민의 생활에서 결사체의 역할, "상사商社, 제조업체뿐만 아니라 그 성격이 종교적이든, 도덕적이든, 진지하든, 무익하든, 범위가 넓든 좁든,

규모가 크든 작든 수천 가지 종류의 결사체들"(2:128[676])의 역할이
무엇보다 중요하다고 강조했다. 토크빌은 민주주의 제도들과 다원적
사회 및 다원적 정체 간의 밀접한 관계를 처음으로 인식한 사람 가운
데 하나다. 나라마다 양상이 다르긴 하지만, 모든 현대 민주주의국가
에서 권력은 다양한 정치·직업·경제·사회·문화·종교 집단들 사이에
상당히 분산되어 있다는 것을 생각해 보면, 토크빌은 분명히 옳았다.
물론 비교적 독립적인 결사체들이 민주주의의 충분조건은 아니지만,
한 국가 전체를 봤을 때 민주주의와 자유를 위한 필요조건임은 분명
하다(Dahl 1982도 참조). [가령] 폴란드가 상대적으로 독립적인 교회나
노동조합운동, 농민 단체나 지식인 결사체가 발달했다고 해서 반드시
민주주의국가라고 할 수는 없지만, 이런 결사체들은 [1981년] 군사 쿠
데타가 발생하기 이전에 폴란드인들이 자유와 민주주의를 누리는 데
핵심적인 역할을 했다.•

　셋째로, 토크빌은 미국이 헌법에 의해 권력의 집중을 막으려 했

• 폴란드는 제2차 세계대전 이후 소비에트연방의 위성국가가 되었지만 반러시아
정서를 고려한 소련의 묵인 덕분에 소비에트화가 덜 되었을 뿐만 아니라 1956년
이래 탈스탈린주의화가 진행되면서 시민사회가 상당한 자율성을 얻을 수 있었다.
특히 로마 가톨릭 교회의 경우 그 전통 때문에 자율성을 유지할 수 있었으며, 노동
운동의 경우 국가에 종속된 기존의 노동조합연맹에 대항해 독립적인 자유노조가
출현했다. 아울러 폴란드에는 중소 자영농이 상당수였고 지식인 전통도 유지되고
있었다. 달이 이 책을 저술했던 1985년 당시 폴란드는 아직 민주화되지 못한 상태
였으며, 이들 결사체를 중심으로 민주화 운동이 진행되고 있었다.

던 점의 중요성에 주목했다. 미국 헌법은 상호 독립적인 세 기관으로 권력을 분리하고, 연방 정부와 주 정부로 권력을 영토적으로 나누고, 지역 단위들을 더욱 분권화하고, 배심원제와 같은 영미법 체계를 통해 사법 절차를 분권화시켰는데, 토크빌은 이런 것들에 크게 감명 받았던 것이다. 그러나 토크빌이 적절히 예견했듯이, 다른 민주주의국가들이 미국 헌법 체계의 독특한 측면을 모방할 필요는 없었다. 사실, 현존하는 민주주의국가들 가운데 미국의 체계를 충실히 따른 국가는 없었는데, 그만큼 미국의 헌법 체계는 다른 대부분의 국가들이 필요하거나 바람직하다고 생각했던 것 이상으로 훨씬 더 권력을 상호 독립적인 기관들 사이에 분산시켜 놓고 있었다. 그러나 한 국가의 형식적 헌법 이론이 무엇이든 간에 모든 민주주의국가들에서 사법부는 행정부 및 의회로부터 독립되어 있다. 일부 국가들에서 의회의 힘이 때때로 약화된 적은 있지만 의회는 적어도 어느 정도는 행정부로부터 독립되어 있다. 또 그것이 좋건 나쁘건 간에, 행정기관들은 의회, 행정부로부터 독립적이고 그들 상호간에도 독립적인 경향이 있으며, 일부 기능은 지방정부에 위임된다. 기능의 지방정부 위임과 관련해서 프랑스는 토크빌이 우려한 대로 3, 4, 5공화국 내내 나폴레옹시대의 [중앙집권적] 지방 행정 체계prefectural system를 유지해 [도道에 해당하는] 데파르트망départements을 강력하게 통제했다. 1981년에야 프랑스는 토크빌이 동의했을 만한 방식으로, 즉 지방의 민주주의가 활성화될 수 있도록 지방정부의 자율성을 늘리는 조치를 취했다.

그러나 토크빌은 자유를 민주주의 및 다수결 원칙과 통합하는 데 있어서 '법' — 오늘날로 치면, 헌법 체계 — 의 중요성을 강조하는 것 이상으로, 다음과 같은 네 번째 요인의 중요성을 더욱 강조했다. 그것은 토크빌이 라틴어 모레스와 같은 의미로 보았던, 사람들의 관습manners이었다. 토크빌은 관습을 "사람들 사이에 통용되는 다양한 관념과 견해, 그리고 심성을 구성하는 사상의 총체"(1:354[381])로 보았다. 이런 관습의 상대적 중요성을 토크빌은 다음과 같이 간단히 정리하고 있다.

[만일] 순서를 따져 분류하자면 이렇게 이야기할 수 있다. [한 국가의] 물질적 조건은 [민주주의를 유지하는 데 있어서] 법률보다 효과적이지 못하고, 법률은 사람들의 관습보다 못하다. ⋯⋯ 따라서 나는 이 점을 정말 진심을 다해 주장한다. 실질적 경험, 습관들, 견해들, 즉 한마디로 미국인들의 관습이 가진 영향력이 중요하다는 것을 독자들이 아직 느끼지 못했다면 이 책을 저술한 핵심 목표를 달성하는 데 실패한 것과 다름없다(1:383[405]).

토크빌이 중요하다고 강조한 관습과 모레스는 마키아벨리가 『로마사 논고』The Discourses에서도 다룬 바 있는 오래된 주제이며 최근 학자들이 강조하고 있는 '정치 문화'와도 일맥상통한다. 정치 문화는 관습이나 모레스와 마찬가지로 모호한 개념이기 때문에 비교정치 연구 분야에서도 이와 관련한 경험적 자료가 빈약하다. 민주주의 문화의 본질적 특성은, '민주적 성격'democratic personality•의 본질적 특성이 그랬던 것처럼, 모호하며 논란의 여지가 있다. 그러나 "왜 민주주의 제도가 X라는 나라에서는 존재하는데, Y라는 나라에서는 존재하지 않는가?"와 같은 문제로 씨름하는 학자들은 이내 다음과 같은 토크빌의 생각에 동의하게 된다. 사람들에게 민주주의를 뒷받침해 줄 수 있는 폭넓은 문화, 신념 체계, 습관, 관습과 모레스를 통해 형성된 본질적 성향이 없다면 경제적 번영이나 훌륭한 헌법 체계만으로는 민주주의가 보장될 수 없다. 그러나 그런 문화를 가진 사람들이라면, 어떤 헌법 체계에서도, 그리고 민주주의를 붕괴시킬지도 모르는 경제 위기의 상황에서도, 민주주의 제도를 유지할 것이다. 1930년 아르헨티나에서는 민주주의가 독재에 굴복했지만 뉴질랜드나 오스트레일리아에서는 왜 그렇지 않았는가의 문제를 설명하려면, 국가 간 비교 가능한 경제적 환경을 살펴보거나 헌법을 분석하는 것 이상의 무언가가 필요하다.

결국 토크빌이 옳았던 것일까? 그렇다고 생각하기 쉽다. 왜냐하면 민주주의 제도와 민주주의 제도에 필요한 기본적인 정치적 자유들이 보전된 모든 나라에서 민주주의와 자유가 조화를 이루는 것을 토크빌이 제시했던 네 가지 요인만으로도 충분히 설명할 수 있을 것 같기 때문이다. 만약 그렇다면, 토크빌이 암시하고 있는 이론이 타당한 것으로 보일 것이다.

하지만 곤란한 문제가 남아 있다. 토크빌이 자유와 평등의 문제에

• 아도르노(Theodor Adorno)와 미국의 심리학자들은 나치스 치하 독일의 중산 계급에 속하는 사람들의 사회심리를 분석해 사람들의 성격을 '민주적 성격'과 '권위적 성격' 등으로 유형화했다.

대해 제시했던 해법이 대략적으로는 옳다고 해도, 토크빌이 제기했던 그 위험이 민주주의국가의 핵심 문제일까? 토크빌은 평등의 확산을 기정사실로 본 반면 자유는 위태로운 것으로 보았다. 거대한 역사적 과정을 거쳐 평등은 확산되기 마련이지만, 그런 역사적 과정이 자유를 보장해 주지는 않으며, 오히려 자유는 평등에 의해 위협받고 있다고 보았던 것이다.

그런데 정말 평등을 기정사실로 볼 수 있을까? 또는 평등도 자유와 마찬가지로 위태롭지 않을까? 토크빌이 관찰했던 당시 미국의 백인 남성들 사이에 존재했던 조건의 평등은 전례가 없을 정도로 특이한 상황이었다. 그 상황은 그저 예외적인 상황이 아니라 미국에서조차도 일시적인 현상이었다. 왜냐하면 미국의 기반이 되었던 농업 사회, 농업경제는 상업적 산업자본주의라는 새로운 체계로 혁명적 전환을 겪게 된 결과, 부와 소득, 지위와 권력에 있어서 불평등이 발생했기 때문이다. 이런 불평등은 특정 종류의 자유 — 즉, 경제적 자원을 무제한적으로 축적할 자유와 경제활동을 위계적 통치 구조를 지닌 기업으로 조직화할 자유 — 가 가져온 결과였다.

따라서 우리가 직면하고 모든 현대 민주주의가 직면한 문제는 토크빌이 제기했던 문제보다 훨씬 더 어렵다. 우리는 평등이 자유에 미칠지도 모르는 역효과를 줄이기 위한 조건을 만들어 내는 것에서 끝날 수 없다. 경제적 자유가 자원 분배에 있어 어마어마한 불평등을 초래하고 결국 직간접적으로 권력의 불평등까지 야기함으로써 발생하는 민주주의와 정치적 평등에 대한 역효과를 줄이기 위해서도 노력해야 하기 때문이다.

토크빌은 자신이 제기했던 문제에 대해 합리적인 해법을 제시했다. 하지만 우리가 직면한 자유와 평등의 문제는 토크빌의 문제와 똑같지 않다. 토크빌이 말했던 바와 같이 자유와 평등을 조화시키기 위한 조건들은 여전히 필요하다고 생각한다. 하지만 평등은 자유만큼이나 불확실하기 때문에, 토크빌이 명시했던 조건들만으로는 충분하지 않다. 이제 우리가 풀어야 할 질문은 다음과 같다. 우리는 토크빌이 미국이나 다른 국가들이 해줄 수 있다고 생각했던 만큼 자유를 보장하면서도, 그가 우리에게는 다시 돌아오지 않을 역사적 순간에 미국 사회에서 발견했다고 믿었던 만큼 평등에 도움이 되는 조건을 만들어 낼 수 있을까?

2

민주주의,
정치적 평등
그리고 경제적 자유

현대 민주주의가 전반적으로 정치적 자유를 잘 보장했다는 사실은, 자유를 중시하는 사람들 사이에서 어느 정도 찬사를 받을 만한 점이었다. 민주주의의 미래가 어둡기만 하던 제2차 세계대전 직후에도 포스터E. M. Forster가 두 번에 걸쳐 민주주의에 갈채를 보낸 것도 아마이 때문일 것이다.• 그러나 그들이 요구했던 민주주의 제도들과 정치적 권리들이 어느 정도 생존력을 보여 주었다고 해서 미국에서 정

• 『민주주의를 위한 두 번의 갈채』(*Two Cheers for Democracy*)(1951)라는 에세이집에서 포스터(1879~1970)는 민주주의가 다양성을 인정하고, 비판을 허용한다는 점에서 갈채를 보내고 싶다고 했다.

치적 평등이 살아남아 잘 보장되고 있다는 뜻은 아니다. 1장에서 말했듯이, 토크빌의 생각처럼 자유가 민주주의국가에서조차 문제가 된다면, 토크빌이 당연한 것으로 잘못 보았던 평등 역시 문제가 된다.

자원과 기회의 측면에서 시민들 간의 격차가 확대되었고, 사람들은 계속 민주주의가 살아남지 못할 것이라고 예상했음에도 불구하고, 수십 개국에서 민주주의 제도와 상당 수준의 정치적 자유가 어떻게 살아남을 수 있었는지는 복잡한 문제여서 이 자리에서 살펴보지는 않겠다. 여러 가지 답이 있겠지만, 민주주의국가들에서 불평등은 다양한 모습을 띤다는 정도만 언급하고 넘어가겠다. 즉, 여러 가지 다양한 양상의 불평등이 가진 득실이 모두 특정 개인들이나 계층 및 계급에 집중되는 것만은 아니다. 또 민주주의국가들이 갖고 있는 정치적 구조와 법적 구조를 고려해 볼 때, 그렇게 될 가능성이 높다 할지라도, 모든 불평등이 이내 정치적 불평등으로 전환되는 것도 아니다. 그리고 자원이 월등히 많아도 정치적으로 불이익을 받는 경우도 있다. [존 록펠러의 손자 데이비드 록펠러David Rockefeller가 [유명 정치인] 오닐Thomas Phillip 'Tip' O'Neill보다 훨씬 너 부유하고, [영화배우] 폴 뉴먼Paul Newman이 오닐보다 훨씬 더 인기가 많지만, 록펠러나 폴 뉴먼이 어떤 법안에 찬성한다고 해서 그 법안에 대한 의원들의 지지까지 얻어 낼 수 있을 것이라고 생각하는 사람은 아무도 없을 것이다.

그럼에도 불구하고 정치적 평등을 중요하게 생각하는 사람들이라면 민주주의국가에서도 시민들 간에 정치적 자원이 상당히 불평등하게 배분된다는 사실에 당황할 것이다. 실현 가능한 대안을 찾을 수 없다면 이처럼 바람직하지 못한 상황을 받아들일 수밖에 없을 것이다. 그러나 역사적 경험을 살펴보면, 개선의 여지가 없을 것처럼 보이는 불평등도, 완전히 근절하지는 못했지만, 상당히 개선되어 왔음을 알 수 있다. 예를 들어 남북전쟁 이후 1세기 동안 미국인들 사이에서 정치적 불평등이 발생한 가장 큰 원인은 인종차별이었다. 그 당시 서로의 이익이 미묘하게 균형을 이루던 정치 연합은 백인들 사이에서 만연한 태도와 결합되어, 심각한 불평등을 뿌리 뽑고자 했던 움직임을 방해했다.● 하지만 1960년대 들어서 대다수 미국인은, 기본권이 인종과는 상관없이 보장되어야 한다는 입장을 받아들이게 되었으며, 전통적인 정치 연합은 흔들리기 시작했다.●● 민권법안들●●●이 마침

● 1877년 공화당은 남부에서 민주당의 기득권을 인정하고 인종차별을 용인하는 대신, 논란이 됐던 1876년의 대통령 선거 결과에 민주당이 승복하도록 하는 타협을 이끌어 냈다. 그 후 공화당은 연방과 다수 주들에서 1870년대부터 1920년대까지 장기간 집권했다. 또한 1930년대부터 1960년대까지의 뉴딜 연합에서도 남부의 무조건적인 민주당 지지가 중요했기 때문에 1960년대 이전까지는 민주당이나 공화당 어느 쪽도 남부의 인종차별을 본격적으로 쟁점화하지 않았다.

●● 남부에서 민주당 지지 기반이 보수화되고 공화당 보수파와 민주당 보수파의 암묵적 협력 관계가 이완되면서 남부의 다수 지역들은 공공연히 공화당 지지로 선회하기 시작했다. 이는 민주당 린든 존슨 행정부의 인종차별 철폐 노력의 결과인 동시에 민주당의 남부 지지 기반을 동요시키려는 공화당 전략의 결과였다.

●●● 1964년의 공민권법(Civil Rights Act of 1964)은 여성과 인종에 근거한 차별을 비합법화했고, 1965년 투표권법(Voting Rights Act of 1965)은 시민들이 선거나 투표에 참여할 기회의 평등을 규정했으며, 1968년 공민권법(Civil Rights Act of 1968)은 주택과 관련한 사회적 차별들을 비합법화했다.

내 의회를 통과했고, 행정부는 법안을 강력히 집행했다. 수 세대에 걸쳐 변하지 않을 것처럼 보였던 정치적·사회적·경제적 불평등 체계는 공공 정책을 통해 변화했고, 남부 흑인들의 정치적 권리는 마침내 제대로 보호받게 되었다. 흑인들은 정치적 권리를 보장받게 되자 백인들과 동등하게 투표하기 시작했다. 한 세대 전만 해도 이런 모습은 상상할 수 없는 일이었다.

물론 인종차별을 비롯해 정치적 불평등을 야기하는 여러 근원들은 미국(그리고 여타 지역)에 여진히 남아 있다. 미국 시민이 어느 정도까지 정치적으로 평등해질 수 있고 평등해져야 하는가의 문제는, 여전히 남아 있는 다양한 정치적 불평등의 원인을 어느 정도까지 줄일 수 있고 줄여야만 하는지에 달려 있다. 정치적 관심political interest의 개인차와 같은 원인들은 줄일 수야 있겠지만 완전히 없앨 수는 없다. 왜냐하면 어느 수준 이하로 개인차를 줄일 경우 결국 다른 가치들이 과도하게 희생될 수 있기 때문이다.

그렇다면 정치적 불평등의 근원 중 하나인 기업의 소유와 통제 문제는 어떨까? 기업의 소유와 통제는 서로 다르지만 밀접하게 연관된 두 가지 방식으로 정치적 불평등을 야기한다. 첫째, 소유와 통제는 부, 소득, 지위, 기술, 정보와 정치적 선전propaganda에 대한 통제권, 정치 지도자에 대한 접근권, 그리고 대체로 예측 가능한 삶의 기회 등에서 노소를 막론하고 시민들 간에 상당한 차이를 유발한다. 결국, 이와 같은 차이로 인해 모든 자격 조건을 갖춘 시민들 간에도 국가의 통치에 정치적으로 동등하게 참여하기 위해 필요한 능력과 기회의 측면에서 상당한 불평등이 발생한다.

둘째, 훨씬 더 명백한 문제인데, 극소수 예외를 제외하면 기업의 내부 통치는 법적으로나 실제로나 매우 비민주적이다. 사실상 미국인들은 순수한 정치적 평등을 기업에 적합한 권위의 원리로 받아들이는 것을 거부해 왔다. 이런 이유로 기업의 소유와 통제는 기업의 통치* 에 참여할 수 있는 능력과 기회의 측면에서 시민들 간에 커다란 불평등을 초래한다.

그 어떤 대안들보다도 여러 가지 핵심적인 가치들을 잘 보호해 주는 경제 질서라는 측면에서 법인 자본주의가 이룩한 성과에 비하면, 국가의 통치와 기업의 내부 통치에서 나타나는 정치적 평등으로부터의 광범위한 이탈은 큰 문제가 아니라는 반론이 있을 수 있다. 이 반론에 따르면, 법인 자본주의는 경제적 측면에서 훨씬 효율적일 뿐만 아니라, 역사적으로 국가의 통치 측면에서도 민주주의와 정치적 자유를 놀라운 수준까지 보장해 주고 있다. 그리고 논쟁의 여지는 있겠지만, 지금까지 그 어떤 대안보다 자본주의는 훨씬 많은 경제생활의 자

---

* 달은 기업도 국가와 마찬가지로 그 고용인이나 노동자들을 '통치'한다(govern)고 보고 있으며, 이와 같은 정치적 의미를 부각시키기 위해서 '기업의 통치'(government of economic enterprises)라는 말을 사용한다. 이는 달이 다원주의적 정치관에 입각해 정치 현상을 '국가와 관련된 현상'으로만 보지 않기 때문이다(로버트 달, "경제 민주주의,"『현대 민주주의론의 경향과 쟁점』, 문학과지성사, 1994, 179쪽 옮긴이 주 참조).

유를 제공하는 데 보탬이 되었다.

다음 장에서 나는 효율적이면서도, 민주주의와 정치적 평등 그리고 정치적 자유의 가치를 고양할 수 있는 법인 자본주의의 대안을 찾는 것이 불가능한 것인지를 살펴보고자 한다. 그런데 그러한 대안이 법인 자본주의보다 기본적인 경제적 자유를 더 많이 침해하지는 않을까? 물론 그 답은 경제적 자유, 민주주의 그리고 민주적 절차가 무엇을 의미하는가에 따라 달라질 수 있고, 우리가 각각에 상대적으로 어떤 가치를 부여하는가에 따라 달라질 수 있다. 미국인들은 다음과 같은 생각에 익숙하다. 경제적 자유를 요구하는 것은 정치적 자유나 정치적 평등을 요구하는 것만큼이나 타당하며, 경제적 자유가 사유재산권을 포함하고, 사유재산권은 기업을 사적으로 소유한 사람이 기업을 직접 통제하거나 통제를 임의로 위임할 수 있는 권리까지 포함하고 있으며, 결론적으로는 현대 미국 자본주의의 법인 구조는 '양도할 수 없는' 권리에 입각하고 있다는 생각이다. 예전보다 이런 생각은 줄어들었고 일부 미국인들은 이에 반대하기도 하지만, 헌법의 세 가지 축, 즉 생존권, 자유 그리고 재산권은 양도할 수 없는 권리라는 미국인의 전통적인 믿음 덕분에 이는 여전히 힘을 잃지 않고 있다.

민주적 절차

그렇다면 민주주의에 대한 합리적 신념은 무엇일까? 내가 보기에 그런 신념의 핵심은 어떤 종류의 결사체에서든 그 결사체에 속한 사람들은 권리, 즉 민주적 절차에 의해 스스로를 통치할, 양도할 수 없는 권리를 가지고 있기 때문에 통치의 절차가 최대한 민주적 기준에 부합해야 한다고 보는 시각이다.

가정 | 민주적 절차에 의해 스스로를 통치할 권리에 대한 주장의 유효성은 민주적인 결사체와 그 결사체에 속한 사람들의 본성에 대한 몇 가지 가정에 근거한다. 그 가정은 다음과 같다.

1. 한 결사체에 사람들이 모이면 구성원들 모두에게 구속력이 있는 집합적인 결정을 내릴 필요가 적어도 몇 번씩은 있다.
2. 그런 구속력 있는 집단적 결정을 내리기까지 적어도 두 단계를 거친다. 즉, 의제 설정 단계를 거쳐 이후 '최종' 결정 단계에 이른다. 최종 결정이 내려지면 그 결정은 결사체의 구성원들에게 구속력을 갖게 된다.
3. 구속력 있는 집단적 결정은 그 결정의 대상이 되는 사람들에 의해서만 내려져야 한다. 즉, 결사체의 구성원들이 결정을 내려야지 결

사체 밖의 사람이 결정을 내려서는 안 된다. 왜냐하면 그 법을 지켜야 할 의무가 없는 사람들이 그 법을 다른 사람들에게 부과하는 것은 정당하지 않기 때문이다.

4. 평등의 약원리弱原理: 각자의 가치는 평등하게 존중되어야 한다.

5. 자유의 원리 : 일반적으로, 결사체에 속한 성인들 각자는 자신의 이익에 대한 최종 결정을 내릴 수 있다. 입증책임burden of proof은 이런 자유에 대한 권리를 주장하는 사람에게 있는 것이 아니라, 항상 자유의 원리에 대해 예외를 설정하고자 하는 사람에게 있다.

6. 평등의 강원리強原理: 모든 문제와 관련해 결사체의 모든 성인 구성원 (한 통치체의 시민)은, 구속력 있는 집합적 결정을 요구하는 일과 그렇지 않은 일을 결정할 수 있는 대체로 평등한 자격[자질]을 갖고 있다. 참여자들은 어떤 일이 데모스(집합적 시민들citizenry)가 스스로 결정하기에 가장 적합한지, 구성원의 관점에서 어떤 일이 데모스가 스스로 결정하기에 부적합한지, 그리고 한시적이고 철회 가능한 권한을 타인에게 어떤 조건으로 위임할 것인지를 결정할 것이다.

7. 공정성fairness의 기본 원리 : 희소[가치가 있는 것]은 일반적으로 공정하게 분배되어야 한다. 공정성은 때로는 각자의 필요need와 기여[응분의 몫, 공과]desert에 대한 고려를 요구한다. 만약 필요나 기여가 같지 않을 경우, 이런 의미에서의 평등 — '개개인을 고려한'person-regarding 평등 — 에 입각한다면 개인은 불평등한 몫 또는 양을 받을 수 있다. 하지만 어떤 상황에서 공정성은 각자가 동일한 몫이나 동일한 기회를 갖도록 요구한다. 즉, 이 경우 공정성은 평등이 '개개인을 고

려한' 평등이 아니라 '몫 자체를 고려한'lot-regarding 평등이어야 함을 의미한다(Rae 1981, 82-103). 희소가치가 있는 것에 대한 여러 사람들의 요구가 똑같이 정당하고 그 요구에 우열을 가릴 수 없다면, 그리고 그것을 동등한 몫으로 적절히 나눌 수 있다면(가령 투표권처럼), 동등하게 타당한 요구를 한 각각은 동등한 몫share을 받을 자격이 있다. 할당되어야 할 것을 동등한 몫으로 적절히 나눌 수 없는 경우에(가령 진귀한 그림이나 대규모 회의에서 발언권을 얻을 기회의 경우), 각자는 그것을 얻을 수 있는 동등한 기회를 가져야 한다.

민주적 절차의 기준 | 그런데 구속력 있는 집단적 결정을 내리는 절차가 다음과 같은 기준을 위반한다면 앞서 살펴본 가정에는 부합하지 않는다고 할 수 있다(Dahl 1979).

1. 평등한 투표권 : 결정 단계에서 결과를 확정하는 규칙은 시민 각자가 결과에 대해 밝힌 선호를 동등하게 계산해야 한다. 즉, 투표권은 시민들 사이에 동등하게 할당되어야 한다.
2. 효과적 참여 : 구속력 있는 집합적 결정을 내리기 위한 절차 내내, 시민 각자은 최종 결과에 대한 선호를 밝힐 수 있도록 동등한 기회를 충분히 가져야만 한다.
3. 계몽적 이해Enlightened understanding : 선호를 정확하게 밝히기 위해서 시민 각자는, 결정의 필요에 의해 허용된 시간 내에, 결정할 사안

에 대한 자신의 선호를 발견하고 확인할 동등한 기회를 충분히 가져야 한다.

4. 의제에 대한 데모스의 최종적 통제 : 앞서 설명한 세 가지 기준을 충족시키는 절차에 따라 결정할 사안과 그렇게 하지 않을 사안을 결정하는 기회는 오로지 데모스에게 있다.

5. 포괄성 : 데모스에는 단기 체류자나 정신적 결함이 입증된 자를 제외한 모든 성인이 포함되어야 한다.

나는 이와 같은 다섯 가지 기준이 민주적 절차를 모두 명시하고 있다고 생각한다. 이런 기준들을 충족하는 절차는 어떤 측면에서 봐도 민주적이라 할 수 있고, 또 이 기준들 가운데 하나라도 충족시키지 못하는 절차는 완전히 민주적이라 할 수 없기 때문이다. 마찬가지로 이 기준으로 정치적인 평등이 무엇을 의미하는지도 설명할 수 있다. 이 기준에 부합한다면 정치적으로 평등하다고 말할 수 있고, 이 기준에 부합하지 않는다면 정치적으로 평등하다고 말할 수 없다.

이와 같은 종류의 주장에 대한 친숙한 반론은 내가 명시한 것이 단지 '형식적인' 기준일 뿐 '실질적인' 정치적 평등과 민주적 절차에 관한 기준은 아니라는 것이다. 가령 시민들이 소득, 부, 지위와 같은 정치적인 자원에서 매우 불평등하다고 가정해 보자. 이들은 정치적으로 불평등한 것 아닌가? 물론 불평등할 수 있고, 그럴 가능성이 크다. 그럼에도 불구하고 이 반론은 잘못되었다. 정치적 자원의 차이가 시민들을 정치적으로 불평등하게 만든다면, 그 불평등은 불가피하게 위의 기준을 위배함으로써 드러나기 때문이다.

나는 법인 자본주의와 관료적 사회주의 모두 사회적·경제적 자원의 불평등을 야기하는 경향이 있고, 이런 불평등은 정치적 평등을 침해할 정도로 심각하며, 나아가서는 민주적 절차까지 위협한다는 점, 그리고 우리는 민주적 가치에 좀 더 부합하는 대안이 없을지를 고민해야 한다는 점을 앞으로 논의해 볼 것이다. 내가 탐색해 보려는 대안은 민주적 절차를 기업에까지 확대 적용한 것이다. 내 제안에 대해 다음과 같은 반론을 예상해 볼 수 있다. 앞서 설명했던 가정들을 국가에 적용할 수 있기 때문에 국가의 통치에서 민주주의는 정당할 수 있지만, 그 모든 가정들을 기업에 적용할 수는 없기 때문에 기업의 통치에 대해서는 민주주의가 정당하다고 볼 수 없다는 주장이다.

그러나 내가 앞서 제시한 가정과 기준들은 어떤 특정 결사체를 명시하고 있지 않다. 오히려 민주적 절차는, 그리고 오직 민주적 절차만이, [앞에서 이야기한 일곱 가지] 가정들이 유효한 결사체라면 어디서나 정당화될 수 있다. 따라서 민주적 절차의 정당화(수용) 여부는 결사체에 대한 판단 — 실리적이건, 신중하건, 도덕적이건, 현실적이건 간에 — 과 그것을 구성하는 사람들의 자질에 달려 있다. 나는 이 정도의 불확실성까지 배제하는 것은 논리적으로 불가능하다고 생각한다. 따라서 이 논증이 민주주의는 절대적이고 보편적이라거나 모든 사람, 모든 시대, 모든 상황, 모든 종류의 결사체에서 타당하다는 주장을 뒷받침하지는 못한다. 하지만 내가 논증하고자 하는 바는 앞서 제시한 가정들이 타당하게 적용될 수 있는 결사체라면 어떤 종류의 어떤 결사체든, 권리의 문제로서 민주주의를 주장할 수 있다는 것이다. 그 가정들이 타당하게 적용되는 결사체에서라면 성인 구성원들은 민주적 절차에 의해 스스로를 통치할 수 있는 양도할 수 없는 권리를, 자신이 그 권리를 행사할 것인지 여부와 상관없이, 가진다고 정리하는 게 적절할 것으로 보인다.

그렇다면 이제 문제는 앞서 제시한 가정들을 기업과 같은 결사체에 적용할 수 있는지, 그래서 기업 통치에서 민주적 절차를 요구할 수 있는지다. 상당수의 사람들은 터무니없다고 느끼겠지만, 기업의 결정이 국가의 법과 마찬가지로 종업원들에게 '구속력이 있다'는 주장이 과연 믿을 수 있을 만큼 충분한 근거가 있는지 살펴보아야 한다. 또 그보다 더 의심스러운 주장처럼 보이는 평등의 강원리를 기업에 적용하는 것이 합리적인지를 살펴보아야 한다.

우리는 뒤에서 이 문제들로 돌아가겠지만, 우선은 정치적 평등과 민주적 절차의 의미가 분명해졌기 때문에 민주적 절차와 재산권의 관계를, 특히 현대의 거대 법인 기업과 관련해 고찰해 볼 필요가 있다.

재산권 대 민주적 절차

기업에 대한 사적 소유권은 보통 두 가지 근거로 옹호된다. 하나는 도구적인, 즉 공리주의적인 관점으로, 모든 것을 감안해 볼 때 사적 소유는 사람들 개개인에게뿐만 아니라 사회 전체적으로도 유익하며 효율성, 경제적 진보, 정치적 자유 등과 같은 가치에도 유익하다는 것이다. 그런데 널리 알려져 있는 또 다른 관점에 따르면, 사적 소유권은 자연권, 심지어는 양도할 수 없는 **도덕적 권리**로서(따라서 기업에 대한 사적 소유권도 마찬가지이다) 다른 자연권들과 마찬가지로 정부와 법은 이를 보호할 의무가 있다. 이 두 관점은 서로 모순되지 않은 채로 모두 미국 역사에서 두루 통용되어 왔다.

그 누구도 "정당한 법 절차에 의하지 않고는 생명, 자유, 재산을 박탈당하지 않는다"고 규정한 수정헌법 제5조와 제14조의 보호 조항은 두 가지 관점 가운데 어느 한쪽을 근거로 정당화될 수도 있고, 두 가지 모두를 근거로 할 수도 있었다. 예상대로 새로운 헌법하에서 연방대법원 판사들은 재산권을 자연권으로서 보호한다는 의미인지, 그리고 만약 그렇다면 이 자연권이 입법부의 규제 권한을 어느 정도까지 제한할 수 있는지를 판단해야 하는 사건들에 부딪혔다. [미국 독립 휘 거의 한 세기 동안 법원은 기업을 규제하려는 주 의회나 연방 의회의 권한을 제한하는 데 조심스러운 입장을 취했다. 그러나 1870년대 중반부터 새로운 법인 자본주의가 농업경제를 누르고 더 우세해지자 판사들은 "정당한 절차를 거쳐야 한다"는 수정헌법 원칙의 범위를 점차 확장시켜 기업을 규제로부터 보호하려 했대[예를 들어 Brest(1975, 705-54)를 보라].

그러나 재산권을 옹호하는 이와 같은 두 관점은 대체로 서로 뒤섞여 있기는 하지만 민주적 절차에 관한 함의는 매우 다르다. 기업에 대한 사적 소유는 순전히 도구적 성격만 가지고 있고, 자치가 기본권이며 양도할 수 없는 권리라면, 기업의 사적 소유를 보호하는 법적 조치들은 자치권보다 하위에 있으며, 민주주의국가에서 인민과 인민의 대표들이 사적 소유를 어느 정도까지 인정하는 것이 가치가 있을지는 민주적 절차를 통해 결정할 것이다. 그들은 기업의 사적 소유가 바람직한지, 공적·사회적 소유가 더 좋을지, 아니면 이를 다양하게 조합해 보는 것이 좋을지를 결정할 수 있는 것이다.

그러나 반대로 사적 소유가 자연권이며 양도할 수 없는 권리라면, 사적 소유권이 자치권보다 우위에 있을 수 있다고 생각할 수 있게 되며, 인민은 민주적 절차를 거친다고 해도 그 권리를 침해할 수 없다. 순전히 공리주의적 관점에 입각해 사적 소유의 결과가 때로는 해로울 수 있다는 판단을 내린다 할지라도, 반드시 인민이 이런 결과를 피하기 위해 소유를 규제할 권한을 주장할 수 있다고 할 수는 없다. 가령 재산 소유가 매우 불평등하게 이루어져 있다는 사실만으로는 재산을 재분배해 불평등을 줄이는 조치가 정당화될 수 없다. 1915년 연방대법원은 종업원이 노동조합에 가입하는 것을 금지한 계약을 불법으로 본 캔자스 주법州法을 위헌으로 판결히면서 다음과 같이 말하고 있다.

사유재산권이 존재하는 곳이라면 부의 불평등이 존재할 것이라는 점에는 의심의 여지가 없다. 따라서 계약 당사자들은 자연적으로 서로 다른 환경의 구애를 받게 되어 있다. …… 그리고 형편이 같지 않다면 어떤 사람이 다른 사람보다 재산을 더 많이 가질 것이라는 점도 자명하다. 따라서 이와 같은 권리들의 행사에 따른 필연적 결과인 부의 불평등을 정당한 것으로 인정하지 않으면서, 그와 동시에 계약의 자유와 사유재산권을 주장하는 것은 불가능하다(Coppage v. Kansas, 236 U.S. 1 [1915] ; in Brest, 734).

양도할 수 없는 기본권인 자치권과 마찬가지로 사람들은 정말로 사유재산권을 도덕적 기본권으로서 가지고 있을까? 만약 그렇다면 두 가지 권리는 상충하지 않을까? 그리고 만약 충돌한다면 어느 하나 가 우월하다고 볼 수는 없을까? 앞서 정치적 평등과 민주적 절차를 기본권으로 정당화하는 근거를 살펴본 것과 마찬가지로, 이제는 재 산권을 민주적 절차에 대한 권리에 필적하는 — 아마도 훨씬 더 우월 한 — 기본권으로 정당화하는 논리를 검토해 볼 필요가 있다.

미국 건국 초기는 물론, 사실상 그 이전부터 민주주의와 재산권 중 무엇이 상대적으로 우선하는가라는 질문에는 근본적으로 상충하 는 두 가지 답변이 있었다. 두 상반된 견해의 대립은 심각했지만 건 국 초기부터 미국인의 의식 속에 깊이 자리 잡은 국민적 합의로 인해 그 대립은 표출되지 않았다. 건국 이후 반세기 동안에 걸쳐 진행된, 재산권과 민주주의 가운데 무엇이 우선하는지를 둘러싼 논쟁에서, 양측은 모두 다음과 같이 생각하는 경향이 있었다. 즉, 개인은 재산 권을 기본권으로 가지고 있으며, 다른 기본권들과 마찬가지로 정부 는 재산권을 보호해야 한다는 것이다. 양측은 또한 권력과 재산은 같 이 가기 마련이라고 믿는 경향이 있었다. 아마도 양측 모두 1829년 부터 1830년까지 있었던 버지니아 헌법개정회의에서 보수적인 재산 권 옹호 세력의 지도자였던 벤저민 리Benjamin Leigh와 같은 생각을 했을 것이다.

권력과 재산은 ─ 억지로 혹은 속임수로 ─ 잠시 떨어뜨려 놓을 수는 있겠지만 결코 영원히 관계를 끊게 할 수는 없다. 왜냐하면 떨어지는 고통을 느끼자마자 ······ 재산이 권력을 매수하려 하거나 권력이 재산을 가지려 들 것이기 때문이다. 결국 둘 중 어떤 식이 되든 자유 정부free Government는 종말을 맞게 될 것이다(Peterson 1966, 338).

그럼에도 불구하고 양측은 근본적으로 무엇이 우선하는가라는 문제에서는 의견을 달리했다. 양측 가운데 재산권 지지자들은 정치적 평등이 결국은 재산권에 양보해야 한다고 생각했다. 생명, 자유, 재산이라는 잘 알려진 세 가지 요소 중에서 재산이 우선이라고 봤던 것이다.

벤저민 리는 계속해서 다음과 같이 주장했다. "모든 사람이 평등하게 태어났고 생명과 자유에 관한 권리와 정직하게 일해서 모은 재산에 대한 권리를 평등하게 가지고 있다는 이유로, 모든 사람이 한 시회 1내에서 평등한 정치적 권력 ─ 특히 다른 사람의 재산을 처분할 수 있는 평등한 권력 ─ 을 주장하는 것은 잘못이다"(Peterson 1966, 347-48).

이와는 반대로 민주주의를 지지하는 사람들은 자치에 대한 개인의 권리가 재산권보다 더욱 기본적이며, 따라서 정치적 평등에 대한 권리도 그러하다고 주장했다. 제퍼슨은, 갈팡질팡하기는 했지만, 결국은 재산권이 자연적인 것이라기보다 사회적인 것이며 재산은 사회보다 우선하는 것이 아니라 사회에 의존적인 것이라고 자신의 견해를 정리한 것으로 보인다.

제퍼슨은 죽기 몇 년 전에 다음과 같이 썼다. "모든 재산권이 천부적 권리라는 주장에는 의문의 여지가 있다. ……안정된 소유는 사회적 법률의 선물이며 사회가 발전한 최근에야 가능해졌다"(Schlatter 1951, 198).

이와 같이 재산권이 사회에 종속적이라는 제퍼슨의 주장은, 50년 전 그가 모든 사람들은 생명, 자유 그리고 행복 추구에 대한 양도할 수 없는 타고난 권리를 부여받았다고 말하면서 재산권을 의도적으로 누락시켰던 것과 일맥상통한다(Wills 1978, 237-38).

　이런 상반된 견해는 때때로 정치적 논쟁으로 격화되었다. 특히 1820년대에 있었던 일련의 주 헌법개정회의에서 선거권을 재산 정도에 따라 부여하는 문제를 두고 두 견해는 가장 강하게 대립했다.

켄트James Kent 주 대법관은 1821년 뉴욕 주 헌법개정회의에서 "보통 선거권은 재산권과 자유의 원리를 위태롭게 할 것이다. 하루 종일 거리에서 일하는 사람이나 민병대에서 한가하게 시간을 보내는 사람이 모두 평등하게 정부에 동등하게 참여할 권리를 갖고 있다는 것은 매우 비합리적이며 공정하지도 않다"라고 단호하게 말했다(Peterson 1966, 194-95).

우리가 잘 알고 있듯이, [각 주의 헌법개정회의에서] 민주주의에 맞서 재산의 특권을 보호하려고 애썼던 뉴욕 주의 켄트, 매사추세츠 주의 스토리Joseph Story, 버지니아 주의 리와 같은 보수파들은 맥없이 패했다. 그들의 패배는 민주주의 이데올로기의 결정적인 승리를 향한 더 큰 진보의 맥락에서 볼 때 작은 성과에 불과했으며, 민주주의 이데올로기는 재산권과 민주주의 사이의 갈등에 대한 항구적인 해법을 제공해 주었다. 그 해법은 바로 재산권과 민주주의 사이의 갈등 자체를 일소해 버리는 것이었다.

고대부터 정치 이론가들은, 민주주의와 재산권 간의 갈등은 재산이 불평등하게 분배될 때만 발생하고 불평등이 심할수록 그 갈등도 커질 것이라고 주장해 왔다. 우리는 이를 권력과 재산을 분배하는 고전적 공화주의의 문제로 볼 수도 있다. 하지만 이 문제는 두 가지로 생각해 볼 수 있다. 민주주의가 재산권을 위협하는 것으로 보거나 재산권이 민주주의를 위협하는 것으로 보는 것이다. 첫 번째 경우에 과제는 재산권을 보호하는 것이고, 위협은 정치적 평등으로부터 발생한다. 시민들이 정치적으로 평등하지만 경제적으로는 불평등하다면 가난한 자들은 부유한 자들에 대항해 힘을 모을 것이고, 가난한 자들이 수적으로 우세하다면 민주적 절차를 통해 부유한 자들의 재산권을 침해할 수 있을 것이다. 가난한 다수가 평등을 이용해 부유한 소수의 재산을 전유할 수 있는 것이다.

반대로, 두 번째 관점은 위협이 반대 방향에서 발생하는 것으로 상정한다. 경제적 자원은 어느 정도 정치적 자원으로 전환될 수 있다.

시민들이 경제적 자원에서 불평등하다면, 정치적 자원에서도 불평등하기 쉽고 정치적 평등을 달성하는 것이 불가능하게 될지도 모른다. 극단적인 경우, 부유한 소수가 대부분의 정치적 자원을 소유하면 소수가 국가를 조정하고, 다수 시민을 지배하고, 민주적 절차는 알맹이 없는 껍데기가 되어 버릴 것이다.

그렇다면 공화주의 정부에서 할 수 있는 유일한 해법은 분명하다. 심각한 빈부 격차가 발생하지 않을 정도로 경제적 자원을 고르게 배분하는 것이다. 이는 아리스토텔레스에서 루소에 이르기까지 인민의 정부popular government를 지지하는 정치 이론가들이 채택한 고전적 공화주의 해법이라고 볼 수 있다.

재산권 대對 민주주의에 관한 초기 미국의 논쟁에서 양측은 재산 분배에 관한 이런 고전적 관점을 받아들였다. 하지만 각자는 위험의 근원을 다르게 보았다. 1820년에서 1821년까지 있었던 매사추세츠 주 헌법개정회의에서 스토리 대법관(그 당시 스토리는 그의 긴 경력의 첫발을 내딛고 있었다)은 재산의 축복을 칭송하다가 고전적 공화주의 문제를 환기시켰다.

보통선거는……재산의 불평등이 심각한 사회에서는 오래갈 수 없다. 재산을 가진 자들은 어떻게 해서든 보통선거권을 제한하려고 할 것이고, 그렇게 하지 않으면 오래지 않아 보통선거로 인해 재산은 분할될 것이다. 세상일이란 게 다 그렇듯이, 재산을 갖지 못한 이들은 자신의 이웃들이 필요 이상으로 많이 갖고 있다고 생각하며, 따라서 재산을 보호하기 위해 만들어진 법을 좋아할 리 없다(Peterson 1966, 100).

하지만 양측 다 가장 좋은 해법은 경제적 자원, 미국의 경우 재산을 폭넓게 분산시키는 것이라고 생각했다. 사실 스토리도 "사유재산의 틀 위에서 정부를 세우되, 정부의 보호 아래 사회의 대다수에게 유리할 수 있도록, 사유재산의 이전과 양도를 규제하는 법을 통해 사유재산을 분배하는 것이 정치적으로 현명한 것이다. 이것이 바로 우리 공화주의 제도에서 진정한 이론이자 실질적 실천이다"라고 말했다 (Peterson 1966, 100). 이런 관점은 "사유재산의 평등한 배분이 현실적으로 쉬운 일은 아니다. …… 입법자들이 재산을 분배하는 조치를 아무리 많이 마련한다고 해도 이는 결코 지나친 것이 아니다"(Schlatter 1951, 196)라고 했던 제퍼슨의 생각과 다르지 않았다. 따라서 양측은 모두 고전적 공화주의의 해법을 도입했다.

당시 양측은 미국 공화주의의 요구대로 사유재산을 폭넓게 분산시키기 위해서는 어느 정도의 규제 조치가 필요하다는 점에 동의했다. 하지만 민주주의국가에서 어느 정도의 규제 조치가 필요한지는 그 국가에서 애초에 재산이 어떻게 분배되었는지, 그리고 그 어떤 규제도 없을 경우 현재의 경제 질서가 그 자체로 재산 분배를 얼마나 불평등하게 만드는지에 달려 있다. 정치적 평등을 증진하고 유지하는 데 충분할 만큼 여러 조건들이 경제적 자원을 자연스럽게 분산시키고 있고, 앞으로도 그럴 것이라고 볼 수 있다면 국가에 의한 규제는 필요하지 않다. [이런 상황에서는] 재산의 분배가 상대적으로 분산된 형태로 자연스럽게 이루어질 것 ― 고전적 공화주의 해법에서 말하는 이상적 환경 ― 이다.

우리는 이런 종류의 체계를 자기 조정적 평등 질서self-regulating egalitarian order라고 부를 수 있다. 이런 운 좋은 상황은 사실 토크빌이『미국의 민주주의』에서 묘사했던 미국인들 — 백인 남성 — 의 조건과 비슷하다고 할 수 있다. 토크빌이 미국을 방문했을 즈음 미국의 조건들은 이미 고전적 공화주의 해법에 거의 근접해 있었기 때문에 스토리, 켄트, 리와 같은 보수파들의 두려움은 노파심에서 한 말처럼 들렸다. 농업 중심의 민주적 공화주의 이데올로기가 승리했으며, 그 이데올로기는 광범위하게 분배된 토지를 소유한 농민들의 공화국을 약속했다. 그런데 이는 상당 부분 시민들이 숙의를 통해 집합적으로 내린 결정이 아니라 토크빌의 말대로 '우연한' 원인들에 의해 만들어진 결과였다. 미국인들은 술책과 사기, 폭력을 통해 원주민으로부터 빼앗은 막대한 양의 토지에 접근할 수 있었고, 특히 아주 소수가 손쉽게 이런 막대한 토지를 통제할 수 있었기 때문이었다. 소유를 분산시키기 위해서는 규제가 필요하기 마련이지만, [당시만 해도] 그렇게 할 필요가 거의 없었다. 나중에 홈스테드법Homestead Act●이 시행되었지만, 특별한 효과는 없었다. 이는 농업 중심의 공화국 초기가 아니라, 이미 그 전성기

● 홈스테드법은 남부의 저항으로 입법이 지연되다 남부가 연방을 탈퇴한 1862년에 발효되었다. 미시시피 강 서쪽의 미개발 지역들로의 이주를 촉진하기 위해 5년 이상 거주하며 개발에 기여한 이에게 최대 1홈스테드(160에이커)를 무상 공여하거나, 6개월 이상 거주하며 개발에 기여한 이에게 최대 1홈스테드를 저렴하게 팔도록 한 법률이다.

를 지나, 쇠퇴기에 접어들 무렵에 이 법이 도입되었기 때문이다. 이 법은 농장 소유를 확대하는 데 그다지 큰 역할을 하지 못했다. 실제로, 1860년에서 1900년 사이에 농장은 거의 4백만 개 증가했는데 그중 60만 개만이 이 법의 지원으로 생겨났고, 같은 기간 동안 총 농지는 4억 3천만 에이커가 증가했는데, 그중 8천만 에이커 정도만이 이 법의 지원을 받은 농지였다(Blum et al. 1963, 407).

그러나 토크빌이 방문했을 당시 미국이 갖추고 있던 조건들은 역사적으로 예외적인 경우로, 다른 나라에서는 그렇게 운이 좋은 경우를 찾아보기 힘들다. 계획, 규제 또는 숙의에 의한 집합적 결정 없이도 백인 남성 시민들을 일정 수준 평등하게 해주었던 그런 경제 질서가 법인 자본주의라는 새로운 혁명적 질서로 대체됨에 따라, 미국인들이 누리던 행운도 다하게 되었다. 농업 중심의 민주 공화주의 이데올로기는 역사적으로 이례적인 시기, 즉 매우 중요하지만 아주 짧은 시기 동안에만 발전했던 것이라는 점이 1900년이 되기도 전에 점차 명백해지기 시작했다. 농업 중심의 사회경제 질서는 법인 자본주의에 의해 완전히 대체될 수밖에 없었기 때문이다. 그리고 법인 자본주의는 규제받지 않는 외부의 힘으로서 재산뿐만 아니라 다른 사회적·경제적 자원의 배분에서도 심각한 불평등을 자동적으로 야기했다.

그런데 존 블럼John M. Blum이 "정치사상사에서 가장 기이한 반전 가운데 하나"라고 표현한 일이 일어났다. 재산권을 열렬히 지지하는 새로운 일파 — 스토리, 켄트, 리를 계승해 민주주의보다 재산에 더 충성하는 이들 — 가 [당시] 지배적이었던 민주주의 이데올로기의 핵심 아이디어들 가운데 많은 것들을 변형시켜 새로운 경제 질서를 정당화하는 데 이용한 것이다. "인간은 경제적 인간이 되었으며, 민주주의는 자본주의와, 자유는 재산 보유 및 재산 처분의 자유와, 평등은 이익 추구를 위한 기회의 평등과, 진보는 경제적 변화나 자본축적과 동일시되었다"(Blum et al. 1963, 432).

이 글의 주제와 관련해 가장 중요한 점은, 이런 새로운 급진적 보수주의자들이 농업 중심의 민주 공화주의자들의 옛 이데올로기의 핵심에 자리 잡고 있던 사적 소유에 대한 이데올로기적 정당화의 논리를 놀랄 만큼 성공적으로 법인 기업의 재산권에 대한 정당화로 전환시켰다는 점이다. 마치 구체제의 정통성을 새로운 체제가 이어받듯, 구이데올로기와 미국인의 의식 속에 깊이 새겨져 있던 사유재산권의 정통성이 새로운 경제 질서로 이전된 것이었다. 이런 논리 이전은 너무나 완벽해서 미국의 법인들은 어떤 유럽 국가에서보다, 아마도 전세계 다른 어떤 국가에서보다 근본적인 도전을 거의 받지 않고 활동할 수 있었다. 1905년의 '로크너^{Lochner} 대 뉴욕 주 사건'(198 U.S. 45)[●]

● 뉴욕 주에서는 제과점 점원의 근무시간을 1일 10시간, 1주 60시간으로 제한하는 내용의 주법이 제정되었으나, 제과점을 운영하던 로크너가 이 주법을 위반해 벌금을 물게 된 사건이 발생했다. 이에 대해 미국 연방대법원은 근무시간의 제한이라는 수단이 공공복리의 증진이라는 목적과 합리적으로 연관되어 있지 않고, 오히려 수정헌법 제14조에 의해 보호되는 계약의 자유를 침해한다는 이유로 이를 위헌이라 판결했다(이상윤 지음, 『영미법』, 박영사, 2000).

부터 1936년의 '모어헤드Morehead 대 티팔도Tipaldo 사건'(298 U.S. 587)●에 이르기까지 미국 연방대법원은 기업에 대한 주와 연방의 규제를 헌법적으로 면제해 줌으로써 이런 이데올로기적 정당화 과정을 적극적으로 옹호했다.

이와 같이 경제적·정치적 자원 배분에서 불평등을 초래하는 경제 질서는, 재산이 폭넓게 분산되면 정치적 평등이 이루어질 것이라는 근거로 사적 소유를 정당화했던 과거의 이데올로기를 짜깁기함으로써, 적어도 부분적으로는 정통성을 확보했다. 이런 이유로 미국인들은 법인 자본주의가 아닌 다른 대안이 과거 민주주의에 헌신했던 자신들의 삶에 더 부합하지 않을까 끈기 있게 자문해 본 적이 결코 없었다.

법인 자본주의와 사유재산권

다음 논증을 살펴보자.

────────

● 1936년 뉴욕 주는 여성 노동자와 아동 노동자의 최저임금을 규정한 법률을 제정했는데, 세탁소를 운영하던 티팔도가 여성 근로자에게 최저임금을 지급하지 않고 장부를 속여 이를 은폐하려 한 사건이 일어났다. 이번에도 연방대법원은 주법이 수정헌법 제14조에 의해 보호되는 계약의 자유를 침해한다고 판결했다.

1. 모든 사람은 경제적 자유에 대한 권리를 가지고 있다.
2. 경제적 자유에 대한 권리는 사유재산권을 정당화한다.
3. 사유재산권은 기업에 대한 사적 소유 권리를 정당화한다.
4. 기업에 대한 사적 소유 권리는 거대한 법인들에 대한 사적 소유를 정당화한다.
5. 법인 기업에 대한 사적 소유 권리를 축소하는 일은 민주적 절차에 의한 것이라 해도 정당하지 못하다.

　마지막 네 개 명제는 불합리한 추론을 포함하고 있다. 가령 마지막 명제는 권리 개념을 모호하게 사용하고 있기 때문에 합리적인 추론이라고 볼 수 없다. 한때는 흡연자들이 식당과 같은 공공장소에서 흡연권을 가지고 있었던 것처럼 권리란 법률이 허용하는 것이라 해도 반드시 헌법적으로 보장될 수 있는 것은 아니다. 헌법적으로 보호받는 권리라 하더라도 남북전쟁 이전 버지니아 주의 노예 소유권과 같이 도덕적으로 항상 옳은 것도 아니다. 법체계가 도덕적인 기본권을 위반한다면, 그만큼 우리는 법질서가 도덕적인 기본권을 부당하게 위반하고 있다고 판정하고 법질서를 바꾸도록 노력해야 한다. 스스로 통치할 권리와 민주적 절차에 대한 권리는 분명히 모든 도덕적인 권리들 가운데 가장 기본적인 권리 중 하나이다. 그러나 기업의 사적 소유 권리도 도덕적 기본권인지는 논란의 여지가 있다. 만약 기업의 사적 소유 권리가 도덕적 기본권이 아니라면, 다섯 번째 명제는 불합리한 추론이 될 것이다.

그런데 나는 법인 기업에 대한 사적 소유권이 어떻게 도덕적 기본권일 수 있는지 모르겠다. 그와 같은 결론을 위해서는 논리적 비약이 필요하다. 모두가 경제적 자유에 대한 도덕적인 기본권을 가지고 있다고 치자. 그렇다고 모든 사람이 사유재산에 대한 도덕적인 기본권을 가지고 있다고 말할 수는 없다. 모든 사람이 사유재산에 대한 도덕적인 기본권을 가지고 있다고 치자. 그렇다고 기업이 사적으로 소유되어야 한다고 말할 수도 없다. 기업이 사적으로 소유되어야 한다고 치자. 그렇다고 주주의 이익에 따라 기업이 사적으로 소유되고 운영되어야 한다고 말할 수는 없다 ― 하물며, 경영자의 이익에 따라 운영되어야 한다는 것은 더욱 그렇다. 내가 걸치고 있는 옷가지나 호주머니에 있는 현금을 안전하게 점유할 권리가 있다고 해서, IBM의 주식을 취득할 수 있는 도덕적 기본권을 가지며, 주식 보유량에 따라 법적으로 수반되는 일반적인 소유권까지 갖는다고 비약할 수는 없다.

하지만 어떤 이들은 "로크가 주장했듯이 재산권은 자연권이지 않은가? 우리는 생명, 자유 그리고 재산에 대한 도덕적인 권리를 가지고 있지 않은가?"라며 반박할 수도 있다.

사유재산권이 자연권이라는 주장은 이 말만 놓고 볼 때 특별한 의미가 없다. 우선 그 주장이 진실인지 자명하지 않다. 게다가 그 주장이 맞다 하더라도, 재산권은 다른 자연권들과 충돌할 수도 있다. 재산권이 자연권이라고 고집하는 것만으로는, 그것이 제퍼슨의 생각처럼 자치에 대한 자연적 권리보다 하위인지, 또는 켄트나 스토리의 주장처럼 더 상위인지는 알 수 없다. 그리고 설령 자연권이라고 해도 기업에 대한 사적 소유의 권리를 정당화해 주지도 않는다.

재산권을 자치권과 동등하거나 그보다 더 우월한 기본권으로 보는 주장에는 결정적인 난점이 있다. 법학도라면 모두가 배우듯이 법적으로 재산권은 단일한 권리가 아니다. 즉, 그것은 권리와 특권, 의무 그리고 책임들의 묶음이다. '완전한' 소유 또는 '자유주의적' 소유 개념은 점유권, 즉 "소유물에 대한 배타적이고 물리적인 통제"와 사용권, 처분권, 소유물로부터 발생하는 소득에 대한 권리, "대상을 양도하고, 소비하고, 사용하고, 변형하고, 파괴할 수 있는 권력"인 자본에 대한 권리, 그리고 타인에게 빼앗기지 않고 보호받을 권리, 대물림할 수 있는 권리, 소유권 기간의 무제한, "타인에게 해가 되는 방식으로 소유물을 사용하지 않을 의무", "채무 변제를 위해 차압을 감수할 책임" 그리고 "소실된 소유권을 회복시킬 수 있는 관련 법규" 등을 모두 포괄하는 개념이다(Becker 1977, 19에서 Honoré의 말 인용). 자연권인 재산권이 이 모든 특징들을 포함해야 한다면 그 요구는 너무 광범위해서 법적으로나 관습적으로 사유재산으로 간주되는 것들 가운데 상당수는 이런 기준을 충족시키지 못할 것이다. 따라서 우리는 그 어떤 법체계도 재산권을 자연권으로 주장하는 것을 완전히 인정한 적이 없다고 결론 내릴 수밖에 없다. 반대로 재산권 행사를 통해 타인에게 해를 입혀서는 안 된다는 조항을 폭넓게 해석하면, 재산권의 범위는 매우 좁아지고 규제의 범위는 아주 넓어져서 재산권이 자연권이라는 주장의 의미는 사라져 버린다. 그렇다면 결국 사유재산권을 자연권이라고 아무리 주장해 보아야 소용없게 된다. 따라서 우리는 논리적인 정당성만 따지거나 한낱 주장에 불과한 이야기만 할 게 아니라 그 권리의 범위가 어느 정도까지인지 구체화시켜 보아야 한다.

나는 어떻게 해야 사유재산권을 논리적으로 정당화할 수 있는지, 그리고 사유재산권의 범위를 어떻게 지정해야 현재와 같은 법인 형태에서 기업의 사적 소유를 정당화할 수 있는지 모르겠다. 가령 로버트 노직(Robert Nozick)의 소유권리론(entitlement theory)은 법인의 재산을 정당화하기에는 [사유재산으로 인정할 수 있는 범위가] 너무 협소하다. 노직의 이론에 따르면, 처음부터 정당하게 소유물(재산)을 획득해야 하고, 원래 보유권을 갖고 있던 이전 소유자로부터 정당하게 소유물을 이전받아야 한다는 두 가지 원칙을 준수하지 않고는 그 누구도 소유물에 대한 권리를 갖지 못한다. 노직은 부당하게 취득했거나 이전받은 재산에 대해서는 과거의 부정의를 교정하도록 허용하고 있으며, 사실상 그렇게 하도록 요구한다(1974, 150-53[192-96]). 하지만 미국 기업의 역사를 조금이라도 알고 있는 사람이라면 — 아마 미국 이외의 다른 나라에서도 마찬가지일 것이다 — 법인 소유가 노직의 엄격한 조건들을 충족시킨다고 주장하지는 않을 것이다. 물론 노직 스스로도 그런 주장을 하지 않는다. 만약 미국 법인 기업이 노직의 조건을 통과하지 못할 경우 재산을 박탈당한다면, 대부분이 소유권을 박탈당하고 최초 소유자의 후손들이 소유권을 되찾거나 큰 보상을 받는 상황이 발생할 것이다. 확실히 미국의 법인 자본주의는 노직의 이상적인 틀과는 거리가 멀다.

노동 투입 여부에 따라 재산권을 인정하는 이론은 너무 협소한 동시에 너무 광범위하다. 가령 로크의 이론은 자신이 사용할 만큼만 갖고 나머지는 타인을 위해 남겨 두기를 요구한다는 점에서(Locke 1689/1970, 306) [사유재산으로 인정할 수 있는 범위가] 지나치게 협소하지만, 동시에 다음과 같은 이유에서 지나치게 광범위하기도 하다.

대지와 모든 열등한 피조물은 만인의 공유물이지만, 모든 사람은 자신의 인신 Person에 대해서는 소유권Property을 가지고 있다. 이것에 관해서는 그 사람 자신을 제외한 어느 누구도 권리를 가지고 있지 않다. 그의 몸이 한 노동Labor과 그의 손이 한 일Work은 당연히 그의 것이라고 말할 수 있다. 그렇다면 그가 자연이 제공하고 그 안에 놓아 둔 것을 그 상태에서 꺼내어 거기에 자신의 노동을 섞고 무언가 그 자신의 것을 보태면, 그럼으로써 그것은 그의 소유가 된다(Locke 1689/1970, 305- 306[34-35]).

사유재산을 정당화하는 로크의 노동 개념의 타당성에 대해 어떻게 생각하든지 간에(그리고 로크의 이론을 기각할 다양한 근거들 역시 존재한다)(Becker 1977, 32-48 참조), 로크의 이론으로 주주의 기업에 대한 소유권까지 정당화할 수는 없다. 왜냐하면 로크의 이론에 따르면 재화와 용역을 생산하기 위해 노동을 한 사람, 즉 노동자와 종업원만이 기업에 의해 생산된 재화와 용역을 소유할 권리가 있기 때문이다. 게다가 아무도 토지를 소유하거나 토지로부터 지대를 받을 권리는 없으며, 기껏해야 토지를 개간하기 위해 노동했던 사람만이 노동의 성과에 대한 권리를 가진다.

밀John Stuart Mill의 이론에 따르더라도 기업 소유는 정당화되지 못한다. 왜냐하면 밀의 조건도 매우 엄격하기 때문이다. 밀의 관점에 따르면, "타인에게 제공하는 노동이 타인을 위해 도덕적으로 해야 할 필요가 있는 수준을 넘어서고" "타인이 [내 노동의 결과물] 없이도 아무런 손해를 보지 않는" 경우에만 그 노동에 의해 생산된 것들을 소유할 권리가 생긴다(Becker 1977, 41). 밀의 이론은 토지 소유를 인정하지 않을 뿐만 아니라 로크와 마찬가지로 소유권을 최초 생산자에게 한정하고 있다. 따라서 밀의 이론도, 로크의 이론과 마찬가지로, 주주가 법인을 사적으로 소유하는 것을 정당화하기에는 지나치게 협소하고 또한 지나치게 광범위하다.

주주의 기업 소유(그리고 명목상의 통제)는 종종 실질적인 동시에 도덕적인 근거에 기반해 정당화된다. 실질적인 이유는 기업은 자본이 필요하다는 것이다. 그러나 자본 제공자가 반드시 그 기업을 소유하고 통제해야만 하는지는 의문스럽다. 원칙적으로는 기업에 자본을 공급하는 임무가 소유권이나 통제권과 분리될 수 있다. 실제로 대출이나 채권 발행을 통해 한 기업에게 자본을 제공했다고 해서 자본 제공자에게 기업의 소유권이나 통제권을 부여하지는 않는다. 일본이나 서독과 같이 법인 자본주의 경제를 가진 몇몇 국가들조차 미국보다는 금융기관에 의한 자금 조달 비중이 높고, 주식을 통한 자금 조달 비중은 낮다. 법인 자본주의에 대한 대안이라면 법인 기업에 자본을 어떻게 조달할 것인가라는 실질적인 문제를 해결해야 한다는 점은 분명하다.

그러나 여기에서 쟁점은 기업에 자본이 필요한지가 아니다. 왜냐하면 기업은 당연히 자본이 필요하기 때문이다. 또 주주가 기업을 소유하고 통제하는 문제에 대한 실질적인 대안을 찾을 수 있는가도 쟁점이 아니다. 문제는 주주에 의한 소유와 명목적 통제에 대한 대안이 도덕적인 기본권을 침해할 수밖에 없느냐이다.

흔히들 주주는 자신의 돈을 희생한 대가를 받을 도덕적 권리가 있기 때문에 주주에 의한 소유가 정당하다고 말한다. 그런데 주주들이 무엇을 희생하고 있을까? 주주들이 다른 투자 기회를 희생하고 있다는 답은 논점을 회피하는 것이다. 여기서 논점은 주주들이 과연 투자에 대한 보상을 받을 권리가 있느냐이다. 법인 소유가 기관이나 부유한 투자자들에게 집중되는 현실에서 주주들이 소비를 희생하고 있다는 말은 우스꽝스럽다. 더구나 희생에 대한 대가라는 점을 받아들인다 해도 그들이 기업을 통제하는 것까지 정당화하지는 못한다. 나는 투자자들이 투자를 통해 희생하는 것보다 노동자가 노동으로 자신의 삶을 희생하는 것이 더 크다고 본다. 마지막으로 이 논증은 [사유재산권이] 미국의 현재 소유 구조를 더 이상 정당화하지 못할 정도로 좁게 적용하지 않는다면, 순환 논리의 오류에 빠지게 된다. 내가 만약 강도를 만났는데 돈의 절반만 가져가고 절반은 남겨 두기로 강도와 합의한다 해도, 도둑이 붙잡히면 알게 되겠지만, 그 합의는 도덕적이지도 않고 법적 강제력도 없다. 마찬가지로 만약 소유자가 이전에 소유했던 재산으로부터 얻은 수익을 투자할지라도, 애초에 그 재산에 대한 소유권이 없었다면, 이번 투자로 얻은 수익에 대한 권리도 없다. 따라서 주주들이 자신의 돈을 다른 곳에 사용하지 못했기 때문에 수익에 대한 권리가 있다고 주장하는 것은, 주주가 재산을 소유함으로써 얻는 수익에 대한 권한이 있는지 여부를 따지고자 하는 이 문제의 핵심을 회피하는 것이다.

사유재산권은 때때로 자유에 필요하다며 옹호되기도 한다. 이 주장이 누구나 재산을 획득하고 소유할 타고난 자유가 있고, 그래서 이 타고난 자유를 침해하는 것은 정당할 수 없음을 뜻한다면, 결론은 전제에 이미 숨어 있다. 그리고 사유재산권이 지연권이냐는 논란은 여전히 남는다. 그 주장이 타인의 권리를 침해하지 않는 한 모두가 자신이 선택한 것을 할 수 있는 도덕적인 기본권을 가지고 있음을 의미한다면, 이 논증은 논점을 흐리는 것이다. 정치적 자유로부터 재산권을 도출하려고 했던 로렌스 베커Lawrence Becker도 최소한 다음을 인정했다.

재산권의 일반적 정당화를 제공하는 어떤 정치적 자유 체계라도 합법적 소유의 대상과 소유의 방식을 제한한다는 특징이 있다. 생존에 필수적인 자원이 희박하거나 재생 불가능하거나, 전유나 오용으로 고갈될 수 있는 상황이라면(자유에 의해서) 재산권이 일반적으로 정당하다고 해서 무제한적인 소유까지 정당한 것은 아니다. 게다가 다른 사람의 생존과 관련한 자유를 위협한다면 소유권은 제한되어야 한다. ……자유를 보다 폭넓게 보장하고자 하는 체계일수록 소유권에 대한 제한도 확대될 것이다(Becker 1977, 77-78).

"생존에 필수적인" 대부분의 자원이 희소하다면 이 논증은 기업의 사적 소유를 정당화하는 논리로는 불충분하며 논란이 있을 수 있다.

재산권을 정치적 자유로부터 도출해 정당화하는 좀 더 강력한 논리로는 정치적 자유를 행사하려면 보통 자원을 사용해야만 하는데 결국 자원에 대한 확실한 접근 보장이 정치적 자유를 행사하기 위해서는 필수적인 요소라는 논증이 있다. 나는 이 논증이 타당하다고 본다. 하지만 이 논증은 기껏해야 내가 이미 경제적 자유라고 설명했던 것을 정당화할 뿐이지 사유재산권을 정당화하지는 못하기 때문에 결코 기업의 사적 소유를 정당화하지 못한다. 게다가 다른 많은 논증들과 마찬가지로 이 논증은 최소한의 자원에 대한 접근권 — 예를 들어 민주적 권리를 행사하기 위해 필요한 최소한의 자원에 대한 접근권 — 을 정당화하는 논리이기는 하지만, 자원의 무제한적 소유를 정당화하는 논리는 아니다.

사유재산권을 정당화하는 마지막 논리는 공리주의적 논증들이다. 하지만 공리주의적 논증의 난점은 [경험적] 사실들에 대한 수많은 가정이 필요하다는 점이다. 효용에서 시작한 논증으로는 어떤 권리도 절대 자연권이나 양도할 수 없는 권리 또는 파기할 수 없는 권리가 될 수 없다. 왜냐하면 사실을 모아 정당화된 권리는, 반대로 또 다른 사실들에 의해 반박될 수 있기 때문이다. 그래서 공리주의적 관점에서는 법인 자본주의, 기업의 사적 소유 그리고 사유재산제조차 기본권으로 옹호될 수 없다. 결국 공리주의적 관점에서는 이런 것들이 민주적 절차, 정치적 평등, 정치적 권리, 정의, 효율성 그리고 경제적 자유와 같이 모든 관련 가치들에 미치는 효과를 효용의 측면에서 다른 해법들과 비교해 보는 것밖에 할 수 없다.

재산권에 대한 이와 같은 논의에서 도출된 결론들을 정리하자면 다음과 같다.

사유재산권을 기본권인 자치권과 비교해 기본권으로 합리화하는 유명 논증들은 모두 불충분한데, 이는 논증의 근거가 부족하거나 권리의 범위를 제대로 정의하지 못하고 있기 때문이다.

사유재산권에 관한 어떤 논증도 사유재산을 무제한으로 축적할 권리까지 정당화하지 못한다. 다만 최소한의 자원, 특히 생활에 필수적인 자원 채집, 자유와 행복 추구, 민주적 절차 그리고 기본권 실현에 필요한 자원들에 대한 권리를 보장할 뿐이다.

그리고 사유재산권을 옹호하는 어떤 논증도 기업의 사적 소유를 성공적으로 정당화하고 있지 못하다.

결론적으로 데모스와 데모스의 대표들은 민주적 절차를 통해 민주주의, 공정성, 효율성 등의 가치를 추구하고, 바람직한 인간성을 함양하며, 인간다운 생활을 영위하는 데 필수적인 최소한의 개인적 자원을 확보할 수 있도록 기업을 어떻게 소유하고 통제할 것인지 결정할 수 있는 권리가 있다.

3

민주주의와 경제 질서

앞 장에서 살펴본 가치들, 즉 민주주의와 정치적 평등 그리고 자유를 실현하려면 어떤 경제 질서가 가장 좋을까? 이 질문에 답하기 위해, 우리가 이런 가치들이 실현되기를 간절히 원할 뿐만 아니라, 새로운 경제 질서를 우리 힘으로 만들어 낼 수 있는 절호의 기회를 마주한 특별한 역사적 전환점에 서있다고 상상해 보자. 이제 우리는 이렇게 자문해 보아야 할 것이다. 과연 어떤 종류의 경제 질서를 만들 것인가?

다섯 가지 목표

우리는 정치적 평등과 민주적 절차 그리고 정치적 기본권을 성취하고 싶다. 따라서 우리의 경제 질서는 이 가치들을 실현하는 데 도움이 되어야만 하며, 적어도 이를 침해해서는 안 된다. 그렇다면 최선의 경제 질서는 무엇보다 정치적 자원을 잘 배분해, 평등한 투표권, 효과적 참여, 계몽적 이해 그리고 법의 지배를 받는 모든 성인들에 의한 정치 의제의 최종적 통제와 같은 목표들을 달성하는 데 도움이 되어야 한다. 배분 방식에는 아마도 여러 가지가 있을 것이다. 더구나 중요한 정치적 자원에는 소득과 부와 같은 경제적 자원뿐만 아니라 지식, 기술 그리고 국가를 운영하는 데 필요한 자원과 역량을 이용할 수 있는 공직자들의 특별 권한 같은 것들도 포함된다.

민주적 절차의 실현 이외에 다른 목표가 없다면, 그와 같은 절차에 필요한 요건들이 경제 질서에 대한 우리의 사고를 전적으로 지배할 것이다. 하지만 민주적 절차를 실현하는 것 외에도 우리는 경제 질서가 정의로워야 한다고 합당히 요구할 수 있다. 분명 정치적 평등은 분배적 정의의 한 종류이다. 즉, 2장에서 내가 논증한 내용이 틀리지 않다면, 권위를 정의롭게 분배하기 위해서는 민주주의와 정치적 평등 그리고 정치적 기본권의 보장이 필수적이다. 하지만 권위뿐만 아니라 권리, 의무, 불이익, 기회 그리고 이의를 제기할 권한에 대해서도 정의를 요구할 수 있다. 정의의 요건이 적용되는 영역 가운데 하나는 당연히 경제적 자원의 배분, 즉 경제적 공정성이다. 그런데 민주주의를 위해 필요한 경제적 자원의 배분은 경제적 공정성을 실현하기 위해 필요한 배분과 동일한 것으로 입증될 수 있다고 생각할 수 있다. 그렇다면 한 가지 문제[전재만 해결하면 다른 문제까지 동시에 해결할 수 있을 것이다. 그러나 두 문제가 운 좋게 일치할지는 결코 확신할 수 없으며 서로 일치하지 않을 때도 많을 것이다. 따라서 우리는 우리의 경제 질서가 공정하다고 납득하고 싶을 것이다. 왜냐하면, 공정이나 정의를 믿고 있기 때문에, 정치 질서는 공정한 데 반해 경제 질서는 지독히도 불공정하다면 이것은 불행한 모순이기 때문이다.

민주주의와 경제적 공정성이라는 목표가 아무리 매력적이라고 해도 세 번째 목표를 경시한다면 이는 비합리적인 것이다. 우리의 경제 질서는 또한 효율적이어야만 하는데, 이는 가치 산출 대비 가치 투입 비율의 최소화를 의미한다. 경제 질서가 비효율적이라면, 우리는 불필요하게 희소 자원을 낭비하게 될 것이고 빈곤한 생활을 하게 될 텐데, 이는 어리석은 일이다. 민주주의와 공정성이 적당히 유지되는 동시에 효율적인 경제 질서도 있고, 반대로 민주주의와 공정성이 아주 잘 달성되지만 매우 비효율적인 경제 질서도 있다고 가정해 보자. 이 중에서 하나를 선택해야 할 경우 웬만큼 어리석지 않다면 첫 번째 경제 질서를 선택할 것이다. 그러나 우리는 두 가지 종류의 산출, 즉 소비자 입장에서 가치 있는 산출과 생산자 입장에서 가치 있는 산출을 구분하고자 한다. 달리 말하면 최종 제품을 소비하면서 실현되는 가치와 최종 제품을 창조하고 생산하고 분배하면서 실현되는 가치를 구분하는 것이다.

기존의 경제 질서와 우리가 만들고자 하는 경제 질서가 물리적인 투입과 산출, 생산성, 1인당 국민 총생산과 같은 일반적인 척도에서는 특별한 차이가 없지만 경제 제도의 주요한 측면들에서는 차이가 있다고 가정해 보자. 오늘날 노동이란 마뜩찮은 부담으로만 여겨지곤 하는데, 만약 경제 제도가 변해 노동도 심오하면서도 일상적인 만족감을 줄 수 있다고 가정해 보자. 그렇다면 여타의 산출과 투입이 변하지 않더라도 우리는 과거보다 더 풍요로워지지 않을까? 이렇게 만들어진 새로운 경제 질서는 이전보다 가치를 창출하는 데 더 효율적인 것이 아닐까?

이제 머릿속에는 아마도 네 번째 목표가 떠오를 법하다. 특히 아리스토텔레스나 존 스튜어트 밀을 읽어 본 사람이라면 더욱 그럴 텐데, 그것은 바로 좋은 정부의 형태를 판단하기 위해 밀이 제시했던 다음과 같은 기준을 경제 제도에 적용해 보는 것이다.

정부의 형태가 어떠하든지 간에 정부가 갖추어야 할 가장 중요한 미덕은 국민의 덕성virtue과 지성intelligence을 증진시키는 일이다. 정치제도의 측면에서 가장 우선시되어야 할 문제는 정치제도가 얼마나 사회 구성원들의 도덕적 자질이나 지적 자질과 같은 여러 바람직한 자질들을 함양하는 데 기여하고 있는가이다(Mill 1861/1958, 25)

비록 이 목표가 불가피하게 모호하며, 덕성과 지성이라 개념을 두고 첨예한 논란이 있을 수 있지만, 그럼에도 우리가 다음과 같은 명제에 동의하지 않을 수는 없다. 즉, 어떤 경제 질서는 신뢰를 강화하고 자기 행동으로 인해 발생할 수 있는 결과에 대해 기꺼이 책임을 지려는 의지나 정직성을 고취하는 반면, 다른 경제 질서는 기만과 무책임을 조장한다면, 두 경제 질서가 보여 주는 결과가 아무리 비슷해도 전자가 후자보다 명백히 낫다.

지금까지의 네 가지 목표들만으로 우리 경제에 유의미한 가치들을 모두 다루고 있다고 할 수는 없을 것이다. 우리 개개인은 각자 다양한 기본적 이익, 목표, 욕망, 욕구와 가치를 가지고 있다. 우리가 자신의 다양한 목표들을 성취할 수 있도록 해주는, 그리고 그런 점에서 우리의 자유를 확장시키는, 경제 질서는 그것을 방해하는 경제 질서보다 더 낫다. 따라서 우리는 우리의 경제 질서 안에서 우리의 기본적인 이익을 증진하고 보호하는 데 필요한 경제적 자원 — 또는 좋은 삶을 위해 필요한 경제적 자원 — 을 자유롭게, 그것도 가능한 충분히 얻을 수 있기를 원한다. 이런 것들을 개인적인personal 경제적 자원이라고 불러 보자. 어떤 종류의 개인적인 경제적 자원을 가져야 하는지 또는 그것을 어느 정도나 가져야 할지 정확히 알 수는 없겠지만, 우리가 적당한 수준의 개인적인 경제적 자원을 가질 권리가 있다는 것은 명백하다. 이 권리는 우리가 경제적 자유economic freedom and economic liberty와 같은 표현을 사용할 때 그것이 의미하는 바와 같을 것이다. 즉, 다른 사람의 동등한 권리를 침해하지 않는 방식으로 그 권리를 행사할 기회가 있을 때에는, 그 누구도 다른 누군가가 개인적인 경제적 자원을 획득하기 위해 그와 같은 권리를 행사하는 것을 막을 권리가 없다. 최대한, 이런 권리는 적극적 경제적 자유를 보장해 줄 것이다. 즉, 우리의 사회·경제 질서는 그와 같은 기회들이 우리 각자에게 실제로 존재하고 있음을 보장할 것이다.

경제적 자유를 추구할 권리가 결과적으로 다른 [네 가지] 목표들과 완벽하게 부합할 수도 있지만, 반드시 그럴지는 불확실하다. 따라서 우리의 다양한 목표들이 서로 완벽히 부합하지 않을 수 있다는 점을 인식하고, 그 목표들 사이에서 어떤 것들을 맞교환할지 판단해야만 할 것이다. 대체로 공공 정책에 대한 구속력 있는 결정은 그와 같은 맞교환에 대해 판단을 요구할 것이며, 우리는 그런 판단이 민주적 절차를 통해 이루어지기를 바랄 것이다. 따라서 우리는 그런 맞교환 과정이 민주적 절차를 심각하게 훼손하지 않기를 원할 것이다.

다섯 가지 목표가 우리가 추구해야 할 가장 중요한 가치라면 어떤 경제 질서를 만들어야 할까? 이 질문에 답하기 위해 나는 몇 가지 가정을 해보려고 하는데, 여기서 그 가정들을 정당화하려고 하지는 않을 것이다. 하지만 이 가정들은 워낙 명백하다 보니 굳이 증명할 필요가 없을 수도 있다.

우선, 20세기 관료적 사회주의의 역사적 경험을 지켜본 이후, 사람들은 관료적 사회주의가 기본적으로 우리의 목표들에 부합하지 않는다고 판단할 것이라고 나는 가정한다. 실제로, 국가의 중앙 공직자들에게 권력을 고도로 집중시키는 대안들은 모두 거부될 것이라고 나는 가정한다. 그리고 앞서 살펴봤던 다섯 가지 목표를 가진 사람들에게, 바람직한 경제 질서는 권력을 집중시키는 게 아니라 분산시킬 것이라고 나는 가정한다. 경제생활의 중요한 측면들은 중앙의 통제를 받아야 하지만(이는 5장에서 다룰 것이다), 권력을 분산시키려면, 중요한 결정들에 대한 통제권이 완전히 자율적이지는 않더라도 상대적으로 자율적인 비교적 다수의 기업들 사이에 분권화되어 있어야 한다. 그런 분권화가 유의미하기 위해서는 투입, 산출, 가격, 임금 그리고 잉여 배분에 관한 결정이 주로 또는 전적으로 개별 기업 수준에서 이루어져야 한다.

그러나 만족할 만한 수준의 효율성을 확보하려면, 상대적으로 자율적인 기업들의 결정은 어느 정도 조율되어야^{coordinated} 한다. 우리의 경제와 같이 복잡한 경제에서, 조율은 시장 체계를 필요로 할 것이며, 이런 시장 체계는 기업의 결정에 중요한 외적 한계를 부과할 것이라고 나는 가정한다. 공해와 같이 바람직하지 못한 외부 효과나 소비자들에게 피해를 주는 기업들 간의 담합 등 여러 가지 이유 때문에, 우리는 또한 민주적으로 통제되는 법과 규칙이라는 규제틀(기업은 이런 틀 내에서 활동한다)을 설립하길 원할 것이다.

요약하자면, 우리는 수많은 중요한 결정들이 상대적으로 자율적인 기업들 사이에서 분권적으로 이루어지며, 기업들은 시장 체계가 설정한 한계 내에서 그리고 우리가 추구하고자 하는 목표를 성취하기 위해 필요하다고 믿는 것으로서 민주적으로 부과된 법과 규칙 그리고 규제 안에서 활동하는 경제 질서를 모색해 볼 것이다. 그와 같은 분권화는 중요한 결정을 내릴 권한이 기업 내부에서 행사되어야 함을 요구할 것이다. 따라서 우리가 부딪치는 문제는 이 권한이 기업 내에서 어떻게 행사되어야 할 것인가이다. 나는 우리가 기업을 단순히 국가 중앙 관료제의 연장으로 보는 관념 — 기업 내의 모든 중요한 권한은 국가 관료들에 의해 위계적으로 행사되어야만 한다는 생각 — 은 거부할 것이라고 가정한다. 또한 주주들에게 명목상으로 책임을 지는 경영자들이 기업 내에서 위계적으로 권한을 행사하는 법인 자본주의와는 다른 대안을 우리가 모색하려 한다고 가정한다. 그렇다면 이제 우리에게 남은 문제는 더 나은 대안을 찾는 일이다.

한 가시 대안에 대한 밑그림

나는 이제 가능한 대안, 즉 기업에서 일하는 모든 사람들이 집단적으로 소유하고, 민주적으로 통치하는 기업 체계를 검토해 보고자 한다.[1] 민주적으로 통치한다는 것은 의사 결정 구조가 내가 앞 장에서 설명한 민주적 절차의 기준을 최대한 충족하도록 되어 있어, 기업 내에서 정치적 평등을 실현하며 정치적 기본권을 보장할 수 있어야 함을 의미한다. 이때 자치 기업self-governing enterprise의 가장 중요한 특징 가운데 하나는 부표권의 평등, 즉 기업에 고용된 사람들 각자는 1인 1표의 권리를 갖는다는 점이다. 일반적으로 이런 종류의 체계는 노동자 협동조합workers' cooperatives, 또는 자주 관리self-management 혹은 산업민주주의industrial democracy라고 불리지만 나는 자치 기업이라는 용어를 사용하고자 한다.[2] 그와 같은 기업은 시장이 설정한, 그리고 지방 정부와 마찬가지로 외부의 민주적인 정치적 통제에 의해 설정된 범위 내에서 민주적으로 운영되기 때문에, 자치 기업에서 일하는 사람들은 기업의 시민이라 할 수 있다.

기업은 민주적으로 통제되기 때문에 기업의 수익을 어떻게 나눌지는 기업의 시민들이 결정한다. 기업의 수익을 분배할 수 있는 추상적 자유는 개별 기업이 일방적으로 결정할 수 없는 가격에 투입물을 구매하고 산출물을 판매해야 할 필요로 말미암아, 매우 단기적인 경우를 제외하고는, 제한된다. 이는 노동력을 투입하고 유지해 나가야 할 필요 때문이기도 하다. 이를 허시먼Albert Hirschman의 독창적인 구분에 따라 이야기하자면, 노동자들은 항의[참여]voice뿐만 아니라 이탈[탈출]exit을 통해 기업의 의사 결정에 영향을 미치기 때문이다(Hirschman 1970). 기업 내에서 기업의 시민들(혹은 기업의 시민들이 권한을 위임한 경영자나 선출된 대표)이 임금을 결정하고 추가 수익을 어떻게 배분할지 결정한다. 따라서 기업의 시민들은 어느 정도를 재투자를 위해 남기고 어느 정도를 시민들에게 배분할지 그리고 어떤 원칙에 따라 배분할지 결정한다.

자치 기업 체계를 이와 유사한 다른 체계들과 혼동해서는 안 된다. 경영자가 종업원들과 협의를 하는 의사擬似 민주주의적 제도, 모든 중요한 결정은 주주가 선출한 경영자에게 맡기고 종업원에게는 제한된 참여만을 허용하는 제도, 또는 종업원 지주제 등은 자치 기업 체계와 피상적으로만 유사할 뿐이다. [미국식] 종업원 지주제Employee Stock Ownership Plans, ESOPs 역시 저금리 대출, 낮은 법인세, 더 많은 현금 유동성, 종업원 연금제도나 주식시장을 기업에 제공하기 위해 만들어진 제도이지만(Comptroller General 1980, 37 등) 통제 방식에는 별

차이가 없다는 점에서 마찬가지다.[3]

자치 기업은, 주주가 소유하고 경영자가 통제하는 전형적인 법인 기업은 물론이고 공적으로 소유하고 위계적으로 운영되는 기업에 비해 여러 가지 장점이 있다고 정당화할 수도 있겠지만, 여기서 가장 적절한 정당화 논리는 자치 기업이 정의와 민주주의라는 가치를 신장시키는 데 공헌하고 있다는 점이다. 자치 기업이 기존의 기업보다 효율적이고, 기본적 자유를 위축시키지도 않으며, 게다가 민주주의와 정의까지 증진시킨다면, 자치 기업이 기존의 기업보다 더 낫다는 것은 명백하다. 그렇다면 우리는 자치 기업 체계가 민주주의와 정의 측면에서 어떤 결과를 가져올 수 있으리라 기대할 수 있을까?

여기서 우리는 서로 다른 두 가지 종류의 논증을 따져 볼 필요가 있다. 두 논증은 모두 민주적 가치를 바탕으로 하지만 내용은 다르다. 첫 번째는 기업 내의 민주주의가 우리를 더 나은 시민으로 만들고 우리들 사이에서 정치적 평등을 고취시킴으로써 국가 통치에 있어 민주주의의 질을 향상시킨다는 논증이다. 두 번째는 국가를 통치하는 데 있어서 민주주의가 정당하다면, 기업 내에서 의사 결정을 하는 기업 통치에서도 민주주의는 정당하다는 논증이다(결과상의 이점을 강조하는 첫 번째 논증과는 다르다).

첫 번째 논증은 두 번째 논증보다 민주주의 이론가들 사이에서 좀 더 폭넓게 받아들여지고 있다. 두 번째 논증은 4, 5장에서 살펴보기로 하고 첫 번째 논증을 우선 검토해 보자.

참여 민주주의를 통해 민주적 시민이 될까?

기업 자치는 대체로 '참여 민주주의'를 창출하는 방식으로서, 그리고 이런 참여를 통해 인간 품성과 행동의 변화를 만들어 내는 방식으로서 옹호된다. 이런 관점에서, [고대] 폴리스의 이상적 모델이 작업장으로 이전되며, 기업은 정치사회에 대한 루소의 전망(『사회계약론』에서 표현된)이 실현되는 또는 좋은 정부에 대한 밀의 기준 — "정부는 시민들의 덕성과 지성을 증진시켜야 한다" — 을 충족시키는 장소가 된다. 작업장 민주주의workplace democracy가 인간 계발을 촉진하고, 정치적 효능감을 높이며, 소외를 줄이고, 일work을 통해 공동체의 결속을 강화하며, 공공선에 대해 애착을 갖게 하고, 이기주의를 약화시키며, 기업 내에서 적극적이면서 공공 의식을 가진 시민 집단을 만들 뿐만 아니라 국가 통치에서도 참여를 독려하고, 시민 의식을 고양시킬 것이라는 주장도 있다(예를 들어, Wootton 1966; Pateman 1970; Mason 1982). 자치 기업 체계가 인간을 이와 같이 — 좀 더 민주적이고, 정치적으로 적극적이며, 사회적이고, 공공 의식이 있으며, 협동적이고, 공공선에 관심을 갖도록 — 변화시킬 것이라고 기대하는 것이 맞을까?

정치적·경제적·사회적 구조의 변화를 통한 인간 갱생의 희망은 유토피아를 꿈꾸는 이들에게 마술적 힘을 행사했다. 작업장 민주주의의 지지자들 외에도, 공산주의자, 사회주의자, 파시스트, 나치스트뿐만 아니라 밀과 같은 자유주의들까지 구조가 변하면 새로운 인류가 등장할 것이라고 예상했다. 하지만 경험적 — 적어도 기자나 학자들이 접근할 수 있었던 경험들 — 으로 보았을 때, 그와 같은 예상은 대체로 신빙성이 없는 것으로 보인다. 이에 따라, 최근 몇 년간 '새로운 소비에트적 인간'New Soviet Man●에 관한 이야기는 거의 들어보지 못했으며, 오로지 공공선만을 생각하던 중국인 노동자와 농민들도 이데올로기적으로나 실생활에서나 물질적 보상에만 관심을 가진 사람들로 변해 버렸다. 그러나 한편으로 몇몇 연구자들은 계속해서 작업장 민주주의가 노동자들을 훨씬 더 덕성을 갖춘 시민으로 변모시킬 것이라고 장담하고 있다.

불완전하기는 하지만, 다양한 증거들이 서로 경합하고 있다. 존 F. 위트John F. Witte는 1천여 명의 종업원이 일하고 있는 로스앤젤레스의 하이파이 장비 제조업체를 대상으로 조사를 실시했다. 이 회사는 기획평의회planning council와 여러 특별위원회special committees 그리고 작업팀 제도work teams를 도입해 종업원들이 의사 결정 과정에 참여하는 기회를 크게 늘렸다. 그런데 14개월 후 평균 참여도는 약간 증가하는 데 그쳤다. 더욱 중요한 사실은 활동가들의 참여로 노동으로부터의 소외감이 줄어들지는 않았다는 점이다. 사실, 소외감은 작업팀 참가자들에게서는 줄어드는 것으로 나타난 반면, 기획평의회나 특별위원회 참가자들에게서는 늘어나는 것으로 나타났다. 새로운 참여 기회

● 문화·도덕·언어의 다양성을 극복하고 단일한 소비에트연방을 만들기 위해서 소련의 이념가들에 의해 제시된 이상적 인간형을 말한다.

나 참여 그 자체가 참여에 대한 지지를 높이지도 못했다. 부분적으로 "동료들의 냉담한 반응을 겪고는 열의가 꺾여"(Witte 1980, 149) 참여에 대한 활동가들의 지지는 줄어들어 버렸다. 북서태평양 지역의 합판 협동조합 노동자들과 (노조가 있는) 일반 합판회사 노동자들의 태도에 대한 비교연구에서 에드워드 그린버그Edward S. Greenberg는 다음과 같은 사실을 발견했다.

많은 산업민주주의 이론가들의 기대, 즉 자주 관리 작업환경이 협동심, 평등 의식, 관용 그리고 동료들에 대한 자부심을 고취시킬 것이라는 기대는 합판 협동조합에서 부분적으로만 나타났다. 그리고 그런 긍정적인 변화가 작업장을 넘어 사회, 경제 그리고 정부까지 파급될 것이라는 기대는 의심의 여지없이 실현되지 못했다. …… 사실, 조사 결과는 정반대로 나타났다(Greenberg 1981, 40).

유고슬라비아에서 자주 관리 체계는 아직까지도 높은 수준의 정치 참여를 낳지는 못했고, 이에 따라 미국에서와 마찬가지로, 정치 참여의 수준이 사회경제적 자원의 개인별 보유 수준에 따라 증감하는 경향이 강하게 나타나고 있다(Verba, Nie and Kim 1978, 57-59, 292-93; Verba and Shabad 1978; 그러나 Oleszczuk 1978도 참조). 유고슬라비아의 학자 요시프 오브라도비치Josip Obradovic는 노동자 평의회가 노동자들이 아니라 전문가들과 경영자들에 의해 주도되는 경향이 강하다는 점을 발견했다(Obradovic 1972; Bertsch and Obradovic n.d.). 위트와 마찬가지로 그 역시 다음과 같은 점을 발견했다. "자주 관리에 참여한 사람이 참여하지 않은 사람보다 더 소외된다. 이는 아마도 자주 관리를 직접 경험했던 노동자들이 겪었던 좌절로 말미암아, 이들이 느끼는 소외감이 더욱 커졌기 때문일 것이다"(Obradovic 1970, 165). 이들이 좌절하게 된 데는 경영자들이 평의회를 주도하는 경향의 영향도 컸다.

하지만 반대로 일부 연구에서는 긍정적인 변화가 감지되었다. 맥스웰 엘던J. Maxwell Elden은 225명의 종업원을 두고 제지 관련 소비재를 생산하던 웨스트코스트West Coast 사의 한 공장을 조사했다. 이 연구에서 그는 작업장 민주주의가 만족감을 높이고, 개인의 성장을 촉진하며, 자주 관리 경험에 대한 만족도를 높이고, 이런 변화는 다시 정치적 효능감과 사회적 참여를 증진시킨다고 결론 내렸다(Elden 1981). 그에 따르면 몇 가지 다른 연구도 비슷한 결론을 도출하고 있다(이런 연구들에 대해서는 Elden 1981, 53-54가 요약하고 있다; Bermeo 1982도 참조).

지금 우리가 가지고 있는 증거들만으로는 작업장 민주주의가 태도, 가치 그리고 성격을 획기적으로 바꿀 것이라는 큰 희망을 보증해 줄 수 없다. 하지만 근래의 실증 연구들은 모두 기존의 사회[경제적 질세] 속에서 형성된 노동자들을 대상으로 수행한 연구이며 연구 기간도 매우 짧다고 볼 수 있다. 그러나 수개월, 수년이라는 짧은 기간이 아니라 수세대의 시간이 흐른 이후에는 성격과 인간성이 어떻게 변할지 장담할 수 없다. 만약 유고슬라비아에서의 자주 관리 실험이 1백여 년 정도 지속된다면 정치 생활뿐만 아니라 경제생활도 권위주의적인 통제 사회 속에서 살면서 정형화된 지금까지의 방식과는 여러 주요 측면에서 달라질 것이라고 나는 생각하지 않을 수 없다. 그리고 1880년대 미국이 법인 자본주의가 아니라 자치 기업 체계를 공식 체계로 도입했더라면 미국인들도 달라지지 않았을까?

도덕적 책임 　　　 민주주의적 특성을 도입한 결과에 대해서는 논란의 여지가 있지만, 자치 기업 체계는 인간의 질적 차원에서 중요한 한 가지 변화를 보장한다. 조직이 커지고 복잡해질수록 행동과 그 행동의 결과 사이의 간극은 커지게 되며, 이는 우리의 도덕적 행위 능력을 심각하게 침해할 수밖에 없다. 도덕적으로 행동하려면 자신의 행동이 어떤 결과를 가져올지 생각해 보고, 그 결과에 대한 책임을 따져 볼 수 있는 기회와 능력이 있어야 한다. 그런데 우리가 의사 결정을 내리는 조직과 여타의 구조들이 우리에게는 이득만을 가져다주지만 다른 사람들에게는 손해를 입힌다면, 이때 우리가 우리의 행동의 결과에 궁극적으로 '책임을 진다'고 말하는 것은 관념적인 추상에 불과하다. 국가 통치에서 수호자주의guardianship가 결국은 사람들에게서 책임을 질 기회와 능력을 앗아가듯이 기업에서도 수호자주의는 마찬가지의 결과를 낳을 것이다. 더욱이 미국의 법인 기업 구조에서는 도덕적 책임을 따지는 일이 거의 사라져 가고 있다.[4]

우리의 가정에 따르면 자치 기업은 시장 내에서 활동한다. 따라서 자치 기업이 제도적 합리화와 수익 추구에 대한 부담감을 덜 느낄 것이라는 생각은 잘못이다. 또 자치 기업은 다른 사람들에게 손해를 입히지 않을 것이라는 생각도 지나친 기대이다. 결국 자치 기업도 법인 기업과 마찬가지로 국가의 규제가 필요하다. 이런 이유들 때문에 기업은 공공의 필요에 따라 민주적으로 부과된 법률과 규칙 그리고 규제들 내에서 활동해야 한다고 앞서 가정해 보았다.

그럼에도 불구하고 자치 기업과 법인 기업 사이에는 두 가지 중요한 차이가 있는데, 이 차이 때문에 도덕적 책임은 자치 기업에서 더 고양된다. 첫째로, 적대적 노사 관계는 노사 서로를 도덕적으로 무책임하게 만드는데, 자치 기업에서는 경합적이고 적대적인 노사 관계가 이론적으로는 사라질 것이며, 실제로도 크게 줄어들 것이다. 모든 종업원은 기업의 복지 문제에 관심을 갖게 되고 기업의 성과에 부정적인 행동은 모두에게 손해가 된다는 점을 알게 된다. 둘째로, 경영자나 소유자에 비해 그 수도 훨씬 많으며 시민의 평균적 모습에 더 가깝기 때문에, 종업원들은 소비자와 시민을 더 잘 대표할 것이다. 고위 경영자들은 전체에서 차지하는 비율이 낮고 자신들의 결정이 몰고 올 사회적 비용을 더 수월하게 감당하거나 회피할 수 있다. 반면 노동자들은 소비자인 동시에 거주자이고 시민이기도 하므로 전체에서 차지하는 비율도 높고, 전체를 더 잘 대표한다. 따라서 노동자들은 자신들의 결정이 초래할 역효과에 대해 경영자들보다 부담이 더 클 것이다.

되풀이하자면, 상대적으로 자율적인 기업의 체계는 기업 외부의 통제, 즉 시장과 가격뿐만 아니라 민주적으로 부과된 법률과 규제에 의한 통제가 필요할 것이다. 외부 통제의 형태는 이와 같은 외부 통제의 존재 및 그 효과성에 대한 대중의 지지에 달려 있다. 외부 통제에 대한 대중의 지지가 법인 자본주의에서보다 자치 기업 체계에서 덜할 것이라는 근거는 없다고 본다.

정치적 평등에 미치는 영향 ┃ 2장에서 나는 재산과 권력의 배분을 둘러싼 고전적 공화주의의 문제 — 즉, 재산이 매우 불평등하게 배분된다면, 민주주의와 재산권 사이에서 갈등이 나타나는 경향이 있다 — 를 언급한 바 있다. 이 문제에 대한 분명한 공화주의적 해법은 재산이 어느 정도 고르게 분배되는 것을 보장하는 것이었다. 미국에서는 농업 중심의 민주 공화주의 이데올로기가 그런 해법을 특이한 형태로 보장해 주었다. 즉, 정치적 절차와는 무관한 요인들 — 주로 값싼 토지의 대량 공급 — 덕분에 경제적 자원이 폭넓게 배분되어 정치적 평등을 만족스러운 수준으로 끌어올릴 수 있었다.

그러나 역사를 살펴보면 이런 해법은 짧은 순간에만 가능했음을 앞서 확인했다. 농업 중심의 미국 사회는 19세기를 거쳐 점차 새로운 사회경제 질서로 대체되었고, 새로운 사회경제 질서에서는 토크빌이 농업 중심 미국 사회의 기본적 특징이라고 그토록 강조했던 조건의 평등이 저절로 실현되지는 못했다. 오히려 새로운 질서는 부와 소득, 지위, 권력에 있어서 커다란 격차를 만들어 냈다. 고전적 공화주의의 문제에 대한 해법은 정치적 절차와는 무관한 토지와 같은 우연적 요인들에 더는 기댈 수 없음이 명백해졌다. 시장 지향적 자본주의 제도들을 통해 부와 소득이 불평등하게 분배되는 체계에서 정치적 평등에 도움이 되도록 정치적 자원을 배분하려면, 경제적 자원을 어떻게든 정치에서 떨어뜨려 놓거나(공화주의 전통에서는 이 방법이 불가능하다고 보았다) 아니면 국가가 경제적 자원을 광범위하게 재분배해야 한다. 두 해법 가운데 어떤 것을 실시한다 해도 기존의 분배 방식의 수혜자들과 정치적 평등을 지지하는 정치적 세력 간의 갈등은 끊이지 않을 것이다. 아무리 평등주의 세력이 강하고 안정되게 연대해 정책을 추진해 나간다 해도 정치는 계속 양극화될 것이다. 게다가 평등주의 세력은 그렇게 연대한 적도, 그런 정책을 추진한 적도 없다.

나아가, 부와 소득이 광범위하게 재분배된다 해도, 사적 소유를 기반으로 하는 시장 지향적 경제에서 기업이 만족할 만한 성과를 보여 줄지는 미지수이다. 찰스 린드블롬Charles E. Lindblom은 유인책으로 기업에 '특권적 지위'를 부여할 수 있다고 주장한 적이 있다(Lindblom 1977, 170ff). 내가 이해하기로, 린드블롬이 언급했던 특권의 제공은 개인이 소유한 기업의 투자자나 경영자가 만족할 만한 성과를 낼 수 있도록 하기 위해서는 사회가 커다란 금전적 보상의 형태로 강한 유인책을 제공해야만 한다는 것을 의미한다. 그러나 투자자와 경영자가 자신들의 사회적 기능을 만족할 만한 수준으로 수행하도록 할 수 있는 충분한 보상 구조는 부와 소득의 불평등한 분배를 낳을 것이다. 지난 19세기에는 부의 복음Gospel of Wealth●이라는 논리가, 20세기에는 '적하 효과'trickle down 이론과 같은 논리가 미국에서 경제적 불평등을 이데올로기적으로 옹호해 왔다. 기업의 사회적 공헌(부의 복음에 충실한 결과)에 대한 주장이 대체로 과장되어 있음에도 불구하고, 그와 같은 관념에는 불편하지만 어느 정도 타당한 요소들이 들어 있다. 법인 자본주의는 분명히 재산 소유주들에게 막대한 금전적 보상을 분배하도록 요구하고 있는 것처럼 보이는 것이다. (하지만) 미국에서 소유의 집중을 고려해 볼 때, 이런 보상은 주로 소수의 투자자들에게로만 몰리고 있다.[5] 결과적으로 미국 사회는, 제퍼슨이 민주적 열망을 가진 사람들 사이에 가능하다고 또는 허용할 만하다고 생각했던 것보다 더 극단적인 경제적 불평등을 요구하고 있는 것처럼 보인다.

이런 문제들을 피하기 위해, 우리는 2장에서 언급한 바 있는 자기 조정적 평등 질서와 같이, 더욱 광범위한 조건의 평등을 자체적으로 만들어 낼 수 있는 사회경제적 구조를 모색할 수 있다. 이런 질서가 갖춰진다면, 양극화된 갈등 속에서 강력한 기득권을 가진 소수의 반대를 무릅쓰면서까지 평등을 지향할 필요도 없다. 그럴 것 없이 평등은 폭넓은 합의를 기반으로 하는 사회경제적 구조에 의해 자연스럽게 실현될 것이기 때문이다.

그렇다면 자치 기업 체계가 자기 조정적 평등 질서를 만들어 낼까? 분명히 아니다. 자치 기업 체계가 외부에서 부과되는 재분배 조치(가령 세금이나 이전 지출) 없이 자율적으로 운영될 경우 부, 소득 그

● 카네기는 "부의 복음"(1889)이라는 에세이에서 자수성가한 부자는 기부를 통해 부를 사회에 환원함으로써 사회적 역할을 다해야 한다고 주장했지만, 여기에는 무분별한 부의 축적을 정당화하는 논리가 숨겨져 있다.

리고 여타 자원에 있어서 얼마나 평등해질지 정확히 이야기하는 것은 불가능하지만, 기업 내에서 그리고 기업 간에 불평등이 발생할 것이라는 점은 확실하다. 자치 기업에서 구성원들은 임금과 수익을 어떤 원칙에 따라 배분할지를 스스로 결정할 것이다. 기업 내에서 분배를 어떻게 할지는 구성원들이 공정성에 대해 어떤 신념을 가지고 있는지와 같이 예측 불가능한 요인들에 달려 있고, 그 요인들은 전통과 지배적인 문화, 이데올로기, 종교와 같은 것들의 영향을 받는다. 그리고 이런 분배 방식은 여러 직업의 수요와 공급에 맞춰 임금을 어느 정도로 조정하는 것을 바람직하고 필요한 수준으로 볼지에 따라서도 다르다. 이론가들과 이데올로그들은 노동자들에게 그들이 선택해야만 하는 분배 원칙에 관한 명확한 관점들을 제안할 수는 있지만 노동자들이 어떤 안을 선택할지는 전혀 예측할 수 없다.

그러나 자치 기업의 구성원들이라면 미국 기업들에서 나타나는 10 대 1, 혹은 20 대 1에 이르는 임금격차를 줄일 것이라는 예측은 타당하다. 그리고 보너스, 스톡옵션, 퇴직금, 각종 수당과 같은 추가 수입은 100 대 1까지 가는 경우도 있는데 이런 격차가 더 벌어지는 일은 없을 듯하다.[6] 궁극적으로는, 정부가 민주적 절차를 통해 확립될 수 있는 한도 내에서, 자치 기업의 잉여가 모든 구성원들 사이에서 공유될 것이기 때문에, 소득과 부의 불평등은 훨씬 감소할 것이다.

실제 사례를 살펴보면, 생산자 협동조합의 경우에도 다양한 분배 원칙이 있지만, 적어도 사적 기업의 접근 방식과는 분명히 다르다는 점을 알 수 있다. 생산자 협동조합이 물질적 자원과 문화적 자원을 조합원 1인당 똑같은 양으로 나누거나 개인이 필요한 정도에 따라 나누는 완전 평등 원칙을 고수하고 있는 이스라엘 키부츠의 사례를 따르는 경우는 분명히 많지 않다. 그리고 키부츠에서조차 구성원이 아닌 별도 고용된 노동자에게는 임금을 차등 지급했다. 북서태평양 지역 합판 협동조합은 임금을 평등하게 지급하고 모든 수익금을 모든 구성원들과 평등하게 나누는 원칙을 채택했지만, 조합원이 아니고 조합에서 별도로 고용한 경영자들에게는 조합원들의 봉급보다 월등히 높은 급여를 지급했다. 노동자들이 관리하는 스페인의 몬드라곤Mondragón 협동조합연합은 처음부터 "최고와 최저 소득 격차를 3 대 1까지만 인정하는 [제한된] 차등 원칙"을 실시했다. 실제로 이 비율이 완벽하게 지켜졌던 것은 아니지만 그렇다고 크게 벗어나지도 않았다. 조합원의 98퍼센트의 경우 소득 격차가 4대 1을 넘지 않았고, 90 퍼센트의 경우 2.8대 1이었다. 조합원 간 부의 격차도 크지 않았다 (Thomas and Logan 1982, 11, 143-45, 159). 따라서 자치 기업 내에서 소득과 부의 분배는 미국과 같은 법인 자본주의 체계의 기업들보다 훨씬 평등하다고 결론 내릴 수 있을 것이다.[7]

그러나 불평등은 기업 간에도 발생할 수 있다. 시장 상황, 수요 변화, 자본 대 노동 비율의 차이, 노동 공급에 있어서의 지역적 차이와 여타 요인들에 따라 조합원에게 분배할 수 있는 수익은 자치 기업별로나 산업별로 차이가 날 수 있다.[8]

소결

자치 기업 체계만으로는 완벽한 자기 조정적 평등 질서를 만들 수 없다. 임금격차가 어느 정도인지 정확하게 알 수는 없지만, 기업 간 임금격차와 기업 내 임금격차는 개인적 자원의 차이를 발생시키고, 개인적 자원의 차이는 다시 정치적 평등과 공정성 모두 침해할 만큼 클수 있다. 기업 내에서 임금격차를 초래하는 원칙은 각 기업의 시민들이 스스로 만들기 때문에 그 임금격차는 시민들 스스로의 기준을 충족할 것이다. 하지만 노력과 기술이 아니라 역사적·지리적·사회적·우연적 요인 같은 것에 의해 격차가 발생한다면 그 결과가 불공정해 보일 수도 있다. 따라서 정치적 평등과 분배의 정의가 지나치게 침해되는 것을 방지하기 위해서는 세금이나 이전 지출을 통해 기업이 애초에 개인적 자원을 잘 배분하도록 하거나, 기업이 정치적으로 돈을 사용하는 것을 제한하는 등 그 결과를 규제하거나, 또는 두 가지 조치를 동시에 할 필요가 있다.

규제와 재분배와 같은 조치는 범위 자본주의에서보다 자치 기업 체계에서 훨씬 수월할 것이다. 자치 기업은 처음부터 훨씬 덜 불평등하게 자원을 배분하기 때문이다. 따라서 그러한 체계는, 완벽히 자기 조정적이지는 않지만, 법인 자본주의보다는 2장에서 언급했던 공화주의의 고전적 해법, 즉 시민들 사이에 경제적 자원을 고르게 배분하는 체계에 훨씬 가까울 것이다.

더구나 기업 내에서 시민권이 더욱더 보장받고 평등하게 실현된다면 기업 내의 적대적이고 대립적이었던 관계들은 크게 줄어들 것이고 간접적으로 사회와 정치에도 크게 영향을 미칠 것이다. 법인 자본주의에서는 경영자들이 노동자의 이익보다는 소유자의 이익만을 추구할 수밖에 없다. 반대로 자주 관리 체계에서 노동자들이 직간접적으로 선출한 경영자들은 노동자, 즉 시민들의 이익을 우선시할 것이다. 이론적 모형에서도 법인 자본주의의 경영자들은 주주에게 돌아갈 배당을 극대화하려고 노력하지만 자주 관리 체계에서는 반대로 시민 1인당 총수입을 극대화하려고 노력한다. 그래서 사적 기업에서 고질적으로 나타나는 적대적이고 대립적인 관계들이 자치 기업에서는 크게 줄어들 것이다(이론적으로는 완전히 해소된다).

사적 기업 내의 대립 관계는 재분배 정책과 기업의 정치자금 사용 규제를 둘러싼 대립으로도 이어진다. 미국의 소수 특권계층이기도 하며, 켄트, 스토리 그리고 벤저민 리처럼 민주주의가 재산권을 침해할지도 모른다고 두려워했던 미국의 기업가들은 정치적 평등, 다수 지배, 의회 그리고 민주주의 정부의 일반적인 제도에 대한 깊은 불신을 숨기고 있다(Silk and Vogel 1976, 189-201 참조). 기업가들은 자신의 재산을 보호하고 자금, 조직, 지위, 인맥과 같이 지금도 남보다 훨씬 많이 가지고 있는 자원을 앞으로도 더욱 많이 차지하기 위해 그 자원을 이용하려 한다. 따라서 미국에서 재분배 정책과 효과적인 정치자금 사용 규제와 직결된 개혁 정책이 대부분 성공하지 못하는 것은 그리 놀라운 일이 아니다.

물론 자치 기업 체계가 시민들 간의 이익, 목표, 관점, 이데올로기등의 대립을 일소해 주지는 못할 것이다. 하지만 자치 기업 체계는 이익 갈등을 줄여 줄 것이며, 모든 시민들이 국가 통치에서 정치적 평등과 민주적 제도들을 유지하는 데 대한 동등한 이해관계를 갖도록 해줄 것이고, 공정성의 기준에 대한 좀 더 확고한 합의에 이를 수 있도록 해줄 것이다.

4
기업 내
민주주의에 대한 권리

노동자 참여를 선호하는 정치 이론가들은 보통 그것이 민주적 성격을 고양할 수 있는 잠재력이 있으며 민주적으로 국가를 통치하는 데에도 긍정적인 효과가 있다는 점을 강조해 왔지만, 내가 보기에 좀 더 강력한 정당화, 즉 좀 더 칸트주의적인 정당화는 이와는 다른 논증에 입각해 있는 것으로 보인다. 다시 말해, 만약 국가 통치에서 민주주의의 정당성을 인정한다면 기업 통치에서도 역시 그 정당성을 인정해야 하며, 기업 통치에서 민주주의의 정당성을 인정할 수 없다면 국가 통치에서도 그 정당성을 인정할 수 없다는 것이다.

이런 논증에는 다음과 같은 세 가지 반론이 있을 수 있다.

1. 자치 기업 체계는 상위의 권리인 재산권을 침해한다.

2. 2장에서 논의한 민주적 절차를 정당화하는 가정들은 기업에는 적용될 수 없다. 왜냐하면 기업 차원에서 이루어지는 결정은 국가 차원에서 이루어지고 집행되는 결정과 같은 **구속력**을 갖지 못하기 때문이다. 더구나 종업원들은 보통 경영자들보다 회사 운영 능력이 떨어지기 때문에 평등의 원리를 따를 수 없고, 따라서 민주적 절차에 관한 논증도 설득력이 없다. 반대로 최고의 자질을 갖춘 이들에 의한 통치, 즉 수호자주의나 능력주의 체계는 능력 면에서 월등한 차이가 있기 때문에 정당하다. 경영자에 의한 법인의 지배도 그런 체계라 할 수 있다.

3. 기업 내에는 과두, 위계, 지배 경향이 너무 강하기 때문에 어떤 경우에도 민주주의는 위선에 불과하다는 것이 밝혀질 것이다. 따라서 기업 내에서 민주적 절차를 도입하려는 노력은 결국 시간 낭비에 불과하다.

이번 장에서는 이 반론들을 차례대로 검토해 볼 것이다.

자치 기업 체계는 재산권을 침해할까?

기업에서 결정에 관한 통제권을 노동자에게 넘기면 재산 소유자의 권리, 즉 자신의 재산을 자신의 선택에 따라 사용할 권리가 침해될 수 있다는 반론이 있다. 하지만 이런 반론이 사람들은 기업을 현재와 같은 법인 형태로 설립·운영할 천부적 권리를 가지고 있고, 현재 형태를 바꾸려는 어떤 시도도 그 권리를 침해하는 것이라고 가정하고 있다면, 그 주장은 2장에서 살펴본 난관에 봉착하게 될 것이다. 더구나 재산권을 정치적 자유의 보장과 품위 있는 생활의 유지에 필요한 개인적 자원을 소유하는 기본적이고 도덕적인 권리로 본다면, 자치 기업은 시민들이 그 권리를 누리는 데 방해가 되는 게 아니라 오히려 크게 도움이 될 것이다. 재산권을 더욱 협소하고, 조금 더 법리적으로 해석한다고 할지라도, 자치 기업의 소유 방식이 반드시 그 권리를 침해하는 것은 아니다. 알다시피 자치 기업 체계는 주주들에게서 노동자들에게로 소유권이 이동하는 것일 뿐이다.

기업에서 이루어지는 결정은 구속력이 있을까?

하지만 2장에서 민주적 절차의 정당성을 밝히기 위해 제시했던 가정들을 기업에도 적용할 수 있을까? 예를 들어, 한 국가의 정부가 시민들이 반드시 따라야 하는 구속력 있는 결정들을 내리는 것과 마찬가지로 기업도 노동자들에게 구속력 있는 결정을 내릴 수 있을까? 무엇보다 정부가 제정한 법률은 필요시 물리적 강제력을 이용해 집행할수 있다. 민주주의국가에서는 법에 반대하는 소수도 그 법을 지켜야만 한다. 반면 기업은 사람들 사이에서 개별적인 교환이 이루어지는 일종의 시장이라 할 수 있다. 즉, 노동자들은 고용주가 지불하는 임금과 자신의 노동력을 자발적으로 교환한다. 그러나 기업이 통치 과정에서 내리는 결정과 국가가 통치 과정에서 내리는 결정은 몇몇 중요한 측면에서 고전적 자유주의가 내리는 이와 같은 해석 이상으로 유사한 점들이 있다. 국가의 통치에서와 마찬가지로 기업의 통치에서도 모든 노동자 또는 일군의 노동자에게 동일하게 적용되는 결정이 내려진다. 즉, 기업은 작업 위치, 작업 시간, 작업량, 최소 작업 속도, 작업용 장비, 노동자의 수, 불황기 해고 노동자의 수, 또는 공장을 폐쇄하고 휴업할 것인지 여부 등을 결정한다. 극단적인 경우 해고와 같은 제재를 가하기 때문에 이런 결정들은 강제력을 지닌다.

내가 국가의 결정과 기업의 결정 사이의 차이를 축소 해석한 것일까? 국가와 시민 사이의 관계와는 달리 노동자들은 경영자들의 결정에 따를 것을 강요받지 않고 자발적으로 선택한다는 반론이 있을 수 있다. 만약 노동자들이 경영자들의 결정을 따르고 싶지 않다면 회사를 그만두면 되고, 떠나고 나면 제재도 끝나기 때문에 노동자들이 경영자의 결정을 따르는 것은 강제적인 것과는 완전히 다르다고 논증할 수 있다.

하지만 그런 반론은 기업이 내린 결정에 노동자가 종속되는 것과 정부가 내린 결정에 시민이 종속되는 것 사이의 차이를 과장한 것이다. 지방정부를 예로 들어보자. 지방정부의 법령이 마음에 안 드는 시민은 '자유롭게' 다른 지방으로 이주할 수 있다. 실제로, 한 시민이 자기 나라의 법을 따르고 싶지 않다면, 그 시민은 — 적어도 민주주의국가에 사는 시민이라면 — '자유롭게' 자기 나라를 떠날 수 있다. 만약 시민이 완전히 자유롭게 자기 나라를 떠날 수 있다면, [어떤 국가의] 시민이 된다는 것^{citizenship}은 오롯이 자발적인 선택에 따른 것이라 할 수 있다. 왜냐하면 시민들은 '항의'^{voice}가 만족스럽지 못하다는 생각이 들면, 언제든지 '이탈'^{exit}할 수 있기 때문이다. 하지만 '이탈'(또는 망명)은 — 그것이 나라를 떠나는 것이든, 도시를 떠나는 것이든, 아니면 기업을 떠나는 것이든 — 대체로 비용이 많이 들기 때문에, [어느 한 국가나 단체의] 구성원이 된다는 것은 사실상 강제적인 것이 아닐까? 그렇다면 우리가 평소에 습관적으로 생각하는 것과는 달리 기업의 통치는 국가의 통치와 매우 유사하다. '이탈'하는 것은 기업에서나 국가에서나 비용이 들기 때문에 한 지방정부에 속하거나 한 국가에 속하는 것과 마찬가지로 한 기업에 속하는 것은 자발적이지 않고 강제적인 것이다.

사실, 기업의 직원이 되는 것보다 민주주의국가의 시민이 되는 것이 한 가지 측면에서는 좀 더 자발적이다. 민주주의국가에서 시민은 대개 한 지방에서 다른 지방으로 이사를 가곤 하는데, 이사를 가도 그 지방에서 권리를 자동적으로 보장받는다. 그런데 기업은 국가와 마찬가지로 해고와 같은 강력한 제재를 통해서 결정을 실행함에도 불구하고, 기업을 떠난 사람은 다른 곳에서 '시민권', 즉 고용에 대한 아무런 권리도 보장받지 못한다.

따라서 기업도 국가와 마찬가지로 통치자와 피통치자 사이에 권력관계가 존재하는 정치 체계로 볼 수 있다. 그렇다면 국가와 마찬가지로 기업 내의 통치자와 피통치자 간의 관계도 민주적 절차의 기준을 따라야 한다고 주장하는 게 맞지 않을까?

이제 다들 동의하겠지만, 기업을 정치 체계라고 간주해 보자. 하지만 이런 정치 체계 내에서 노동자들의 권리는 노동조합에 의해 적절히 보장될 수 있지 않을까? 하지만 그런 반론으로는 비조합원(미국의 경우 전체 노동자의 80퍼센트가 노동조합에 가입되어 있지 않다)의 문제를 해결하지 못한다. 또한 이런 반론에는 노동자의 기본권과 이익을 보호하기 위해서는 노동자들에게 적어도 어느 정도는 민주적 통제권을 부여해야 한다는 — 또는 노동자들이 민주적 통제권을 가지고 있어야 한다는 — 인식이 내포되어 있다. 그렇다면 노동자의 이와 같은 권리나 이익의 내용은 무엇이며 그 범위는 어디까지일까? 그와 같은 권리나 이익의 범위가 그와 동등한 또는 그보다 상위에 있는 기본권인 재산권에 의해 제한된다고 말하는 것은, 앞에서 이루어졌던 우리의 분석에 위배되는 것이다. 따라서 어떤 근거에서 민주적 통제에 대한 종업원들의 권리가 노동조합이라는 통상적인 범위(그러나 그 범위 역시 정확히 규정되어 있지 않다) 내로 제한되어야만 한다고 할 수 있을까? 다음과 같은 문제가 우리가 다뤄야 할 진정한 쟁점이 아닐까? 즉, 노동자들은 자신들이 몸담고 있는 기업에 대한 자치권을 가지고 있을까? 만약 노동자들이 그런 권리를 가지고 있다면, 비록 통상적으로 노동조합이 기업의 권위주의적 통치로 인해 발생하는 문제를 감소시키는 중요한 역할을 한다고[1] 해도, 일반 기업 — 심지어 노동조합이 있더라도 — 은 여전히 민주적 절차의 기준을 충족시키기에는 분명 역부족이지 않을까?

평등의 강원리는 지켜질까?

2장에서 나는 민주적 절차가 평등의 강원리에 의해 정당화될 수 있다고 논증한 바 있다. 하지만 강원리가 기업에 적용되지 않는다면 자치기업의 정당성은 심각한, 아마도 치명적인 손상을 입게 될 것이다. 반면 가장 유능한 엘리트 — 플라톤의 용어로 말하자면, '수호자들' — 가 통치해야 한다는 주장의 근거는 강화될 것이다. 미국의 대형 법인들은, 앞서 주장한 대로 수호자주의의 형태로 통치되고 있다고 볼 수 있다. 명목상으로 경영자는 이사회에서 선출되고, 이사회 역시 명목상으로는 주주들에 의해 선출되고 주주들이 책임을 지지만, 현실에서는 이사회를 실질적으로 장악하고 있는 기존의 경영진이 새로운 경영자를 선임한다(Herman 1981). 수호자주의는 많은 사회주의자, 특히 페이비언 사회주의자들의 이상이기도 했다. 이런 관점에서 국영기업의 경영자는 국가 관료가 선출하고 최고 경영자는 궁극적으로 관료에게 책임을 진다. 대부분의 나라에서 국영기업은 이와 비슷한 방식으로 운영된다. 이외에 다른 능력주의적 대안들도 생각해 볼 수 있다.

따라서 법인 자본주의와 관료적 사회주의 모두 이론과 실제에서 기업을 위한 평등의 강원리를 지키지 않으며 명시적으로나 암묵적으로 엘리트 지배를 지지하고 있다. 대부분의 사람들, 심지어는 의식 있는 사람들마저도 기존의 제도와 이데올로기에서 벗어나지 못하고 종업원들은 자기가 일하는 기업을 통치할 능력이 없다고 생각하기 십상이다. 하지만 평등의 강원리가 기업에서도 유효한지를 알아보려면 두 가지 점을 염두에 둬야 한다. 첫째, 한 체계의 성과를 이상적으로 또는 이론적으로 추측하고 다른 체계의 성과도 그렇게 추측해 서로 비교할 수는 있겠지만, 한 체계의 실제 성과와 다른 체계의 이상적인 성과를 비교하는 것은 합리적이지 못하다. 앞으로 하게 될 자치 기업에 관한 상당수의 논의들은 불가피하게 추측에 기반을 둔 것이지만, 나는 자치 기업의 개연적 성과를 현대의 지배적 체계, 즉 기업을 사적으로 소유하는 체계의 실제 성과와 비교해 보려고 한다.

둘째로, 우리가 2장에서 살펴봤듯이 평등의 강원리는 시민들이 만능이 되길 요구하는 것이 아니다. 시민들은 어떤 사안이 구속력 있는 집단적 결정을 필요로 하는지의 여부 — 예컨대, 일반적인 규칙에 따라야 할 문제 — 를 결정할 만한 능력을 갖추고 있다고 믿는 것으로도 충분하다. 즉, 구속력 있는 집단적 결정이 필요한 사안 가운데서도, 시민들은 자신들이 민주적 절차를 통해 스스로 집단적 결정을 내릴 만한 충분한 능력을 갖추고 있는지의 여부를 판단할 수 있다. 그리고 자신들 스스로 결정하기 힘든 문제라고 생각하는 사안에 대해서는 이를 다른 사람[대표자]에게 위임해 결정하도록 할 만한 능력을 갖추고 있다.

아주 작은 규모의 기업을 제외한다면, 종업원들은 분명 몇몇 결정에 대해서는 경영자들에게 위임할 것이다. 좀 더 큰 기업의 경우, 종업원들은 집행부나 집행위원회를 선출해 최고 경영진을 선임하고 해임하는 권한을 위임할 것이다. 초대형 기업을 제외한다면, '입법적' 목적을 가진 총회를 구성해, 노동자들이 직접 결정을 내리고, 직접 결정하고 싶지 않은 사안에 대해서는 [집행부나 경영진에 결정을] 위임을 할 것이다. 그리고 집행부와 경영자들의 업무를 감독하며 노동자들이 위임했던 사안에 대해 대표가 내렸던 결정을 심의할 것이다. 그 규모가 지나치게 커서 직접민주주의 형식으로 총회를 운영하기 힘든 초대형 기업에서는 대의체가 만들어질 것이다.

전형적인 기업에서 주주들은 수동적이라는 점, 경영자들이 제공하는 정보에만 전적으로 의존한다는 점, 그리고 경영진의 결정에 이의를 제기하는 것은 극도로 어렵다는 점을 고려한다면, 종업원들은 대체로 주주들만큼은 자신들의 기업을 운영할 능력이 있으며, 평균적으로는 아마 훨씬 더 잘할 수 있다고 해도 틀리지 않을 것이라 나는 생각한다. 그런데 이런 문제는 애돌프 벌리Adolf Berle와 가디너 민즈Gardiner Means가 1932년 『현대 법인과 사유재산권』*The Modern Corporation and Private Property*에서 주목했던 것처럼 소유와 통제가 분리되어 있는 현실을 고려해 볼 때, 실제로 쟁점이 되는 문제는 아니다. 최근에 있었던 좀 더 체계적인 연구에 따르면, 금융업체를 제외한 미국의 200개 법인 가운데 64퍼센트는 내부 경영진이 통제하고 있으며, 17퍼센트는 내부 경영진과 사외 이사가 통제하는데, 둘을 합치면 81퍼센트로, 자산 규모로는 84퍼센트, 매출 규모로는 82퍼센트에 해당한다 (Herman 1981, 표 3.1). 이보다 규모가 작은 기업들에서는 경영진이 통제하는 기업의 비율이 낮겠지만, 노동자들이 과연 선임에 의해 그 지위를 획득한 경영진 ─ 따라서 일종의 선임된 수호자 ─ 만큼 기업을 통치할 자격이 있는가라는 문제는 여전히 남는다.

이와 같은 문제는 민주주의 대 수호자주의라는 친숙하고 고전적인 쟁점들을 제기하는데, 그와 같은 쟁점들 가운데에는 수호자들이 모두에게 무엇이 가장 이로운지를 더 잘 알고 있고, 덕성 — 선을 추구하는 의지와 성향 — 도 갖추고 있다는 믿음의 근거를 둘러싼 문제도 포함되어 있다. 따라서 기업이 추구해야만 하는 목표에 관한 지식과, 그 목표를 달성하기 위한 최선의 수단에 관한 기술적 지식을 구분하는 것이 중요하다. 목표와 관련해, 자치 기업을 도입하면 사회가 합리적으로 바람직하다고 보는 수준보다 저축률, 투자율, 성장률 그리고 고용률이 떨어질 것이라는 주장이 있을 수 있다. 수단과 관련해, 자치 기업에는 유능한 경영진이 부족하고 이 때문에 자치 기업은 미국 법인 같은 주주 소유 기업보다 효율적이지 못할 것이라는 주장이 있을 수 있다.

목표 : 저축, 투자, 성장 그리고 고용

그렇다면 자치 기업 체계는 저축, 투자, 성장 그리고 고용에 어떤 영향을 미칠까? 예를 들어, 노동자들은 기업이 벌어들인 돈을 신규 장비를 구매하는 데 투자하거나 장래의 효율성을 높이는 데 투자하지 않고 자신의 임금을 인상하는 데 쓸까? 노동자들에 의해 민주적으로 운영되는 기업은 경영자에 의해 위계적으로 운영되는 기업보다 근시안적일까? 근래 미국의 법인 경영자들은 장기적인 성과보다 단기적인 성과에만 급급하다는 비판을 자주 듣고 있다(예를 들어, Bluestone 1980, 52). 그렇다면 자치 기업들은, 그들이 속한 사회의 집합적 선호에 반하고 해가 되는 경우, 자신들의 단기적인 이익 추구를 양보하는 희생을 좀 더 감수할 것인가? 만약 그렇다면 자치 기업 노동자의 특수 이익이 일반 이익과 충돌하는 것이 아닐까?

노동자 관리 기업worker-managed firms에 찬성하든 반대하든, 경제학자들의 순수한 이론적 분석만으로는 결론을 내리기 어렵다. 자주 관리를 옹호하는 사람들은, 경영자들이 주주의 이익을 극대화하려고 하는 일반적인 기업과는 반대로, 자치 기업에서 일하는 노동자들은 구성원들의 1인당 소득을 극대화하려 할 것이라는 점에 동의한다.[2] 이런 점에서, 몇몇 비판가들은 구성원 1인당 소득을 증대시키는 효과가 없다면, 자치 기업의 노동자들은 저축이나 생산, 고용 또는 투자를 확대할 아무런 유인도 갖지 않으며, 오히려 자신들의 소득이 줄어드는 효과가 있다면, 이를 전혀 확대하지 않을 것이라고 추론한다. 따라서 이와 같은 비판가들은, 통상적인 기업이라면 주주의 이익을 늘리기 위해 확대 정책을 실시할 만한 상황에서도, 노동자 관리 기업은 그렇게 하지 않을 것이라고 결론 내린다.[3]

[이와 같은 비판에 대해] 자치 기업을 지지하는 사람들은 자치 기업 중심의 경제에서 고용 문제는 투자 및 성장 문제와는 이론적으로 별개라고 답한다. 앞서 제시했던 이론적 시나리오에서, 고용 확대 문제는 개별 기업 차원의 문제일 뿐이었다. 그러나 거시적으로 보면, 고용 확대 문제는 신규 기업의 진입을 용이하게 함으로써 해결된다. 실업이 발생하고 있고 기업이 신규 고용 확대만으로는 제품의 수요를

따라가지 못한다면 신규 기업이 진입해 그 자리를 메울 것이다. 따라서 고용과 투자는 증가할 것이다. 투자의 경우, 바로 위에서 언급한 상황(신규 기업의 진입)을 제외하면, 자치 기업의 구성원들은 투자를 확대할수록 자신들에게 돌아올 수 있는 수익이 늘어날 경우, 언제든 투자와 저축을 확대할 강력한 유인을 가질 것이다(Jay 1980, 17-27; Schweikart 1980, 73-74, 103-106 참조).

그러나 이론적 모델들을 이렇게 비교하는 것만으로는 현실 세계를 설명하는 데 한계가 있다. 피터 제이Peter Jay는 이렇게 말했다.

지금까지 우리는 노동자 협동조합의 합리적 투자 행태와 교과서에나 나올 법한 이상적 자본주의 기업의 합리적 투자 행태를 비교해 왔다. 우리가 실제로도 이상적인 기업들만 활동하는 자본주의 세상에서 살고 있다면, 이 논문에서 이 문제들을 살펴보고 있지도 않을 것이다(Jay 1980, 20).

그렇다면 현실적인 관점으로 돌아와서 자치 기업을 평가해 보자. 실제 세계에서 자치 기업은 미국의 법인 기업만큼, 또는 그 이상으로 저축, 투자 그리고 성장을 자극할 것이다. 왜냐하면 기업이 쇠퇴하면 손해를 입는 사람은 결국 노동자들이기 때문이다. 개인들 사이의 [효용] 비교를 허용하지 않는 일부 [신]후생경제학자들*의 실행 불가능

---

* A. C. 피구의 후생경제학이 효용의 측정 가능성과 개인 간 효용의 비교 가능성을

한 충고를 뒤로한다면, 기업이 쇠퇴할 때 노동자들이 감수해야 할 고통이 투자자들이 겪는 고통보다 훨씬 더 크다는 점을 부정할 수 없다. 왜냐하면 돈 많은 투자자들이 시황에 따라 주식시장을 드나드는 것보다 노동자가 한 직장을 그만두고 구직 시장에서 새로운 직장을 구하는 것이 훨씬 어렵고, 손해도 크기 때문이다. 따라서 앞을 내다보는 눈이 웬만큼 있는 노동자라면 합리적인 투자자나 경영자만큼, 아니 그 이상으로 장기적인 효율성에 관심을 가질 것이다.

노동자들이 기회가 주어졌을 때, 도산 위기에 처한 회사를 살리기 위해서 단기적으로 자신들의 임금 및 이득의 상당한 손해를 감수한 경우가 있는 것을 보면, 이와 같은 추론이 옳다는 것을 알 수 있다. 이와 같은 사례는 크라이슬러 사(Chrysler Corporation)와 래스 패킹 사(Rath Packing Company)에서도 찾아볼 수 있다. 노동자 스스로 희생을 감수하면서까지 기업을 회생시키려고 노력하는 모습은 노동자들이 기업을 소유한 경우에 훨씬 더 쉽게 찾아볼 수 있다. 한 합판 협동조합 노동자는 "상황이 악화될 경우 우리는 모두 임금 삭감을 받아들일 것입니다. 우리가 회사를 거덜 내 버리면 남는 게 없는데, 누구도 그걸 바라지는 않을 것입니다. 그러면 우리는 회사를 잃게 되는 것입니다"(Zwerdling

---

전제로 한 데 반해, 신후생경제학은 이와 같은 전제를 회피하고 객관적인 후생 기준을 구하려 했다. 피구는 생산과 분배를 모두 경제적 후생의 본질로 삼는 데 반해, 신후생경제학에서는 이론적 기초를 강화한다는 목적으로 분배 문제에 관해서는 언급을 회피한다.

1980, 101)라고 말했다.

더 좋은 예로 80여 개 노동자 협동조합으로 구성된 스페인의 몬드라곤 협동조합연합이 있다. 스페인 경제가 상승 국면이던 1970년부터 1979년까지 몬드라곤 협동조합연합의 매출은 평균 8.5퍼센트로 비약적인 성장을 했다. 시장점유율이 1960년에는 1퍼센트도 못 미쳤지만 1976년에는 10퍼센트를 넘겼다. 투자를 통해 발생한 총부가가치 비율은 1971년부터 1979년까지 평균 36퍼센트로, 몬드라곤 협동조합이 위치한 바스크Basque 중공업 지역의 다른 기업의 4배에 가까운 결과이다(Thomas and Logan 1982, 100-105). 게다가 스페인 경제가 침체에 빠져 수익이 감소할 수밖에 없었던 1981년, "투자 규모가 줄긴 했지만 노동자들은 회사의 대차대조표를 건전하게 유지하기 위해서 자신의 호주머니를 털었고, 일자리를 보전하기 위해서 여러 희생을 감수하기도 했다"(*The Economist* 1981/10/31, 84). 조합원들은 임금을 줄이는 대신에 조합원 개인 투자 비율을 높이는 방식을 선택했다. 그래서 한 협동조합에서는 조합원들이 570달러에서 1,700달러까지 자신의 임금 수준에 맞게 개인별 투자 총액을 늘리기로 결정했다. 유고슬라비아의 자주 관리 기업도 자주 관리를 비판하는 사람들이 생각했던 이론 모형과는 반대로 움직였다.[4] 원인은 복합적일 수 있지만, 일부 예외 사례를 제외하면 자주 관리 기업들은 당장의 이익을 위해 투자를 줄이는 것이 아니라 오히려 투자를 매우 높은 수준에서 유지했다.[5]

저축, 투자, 고용 그리고 성장 문제에 관해 마지막으로 한 가지만 덧붙이겠다. 자치 기업 체계가 도입되면 민주적으로 운영되는 새로운 투자 기금이 조성될 수 있다. 이번 장에서 제안하고 있는 자치 기업 체계와 스웨덴 사회민주당이 제시했던 임노동자 기금wage-earner funds은 주요 부분에서 차이가 있긴 하지만, 임노동자 기금도 투자를 위한 기금을 강조하기 때문에 관련이 있다. 루돌프 메이드네르Rudolf Meidner가 스웨덴 노동조합연맹LO 산하 연구소에서 동료들과 함께 입안한 메이드네르 플랜(Meidner 1978)은 1976년에 스웨덴 노동조합연맹이 채택했고,* 사회민주당은 1978년에 일부 내용을 수정해 채택했다. 1980년 수정안을 보면, 이 제안은 대략 2백여 개의 대기업이 매년 이익의 20퍼센트를 의결권 행사가 가능한 '임노동자 주식'wage-earner shares의 형태로 적립하도록 하는 것을 골자로 하고 있다. 그렇게 되면 이 기업의 소유권은 점차적으로 종업원들에게 이전될 것이다. 가령 이익의 10퍼센트씩 적립해 나가도 35년 안에 임노동자가 소유권의 다수를 차지하게 된다.

그러나 임노동자 주식은 종업원 지주제와는 달리 노동자 개인의 것도 아니고, '한 기업'의 노동자들이 집단적으로 소유하는 것도 아니다. 대신에 주식과 의결권은 여러 가지 형태로 설립된 전국적·지역적 기금에 이전될 것이다. 그리고 이 기금들은 2백여 개 기업에 속한 임노동자뿐만 아니라 기금에 기여하고 있는 기업에서 일하고 있는 임노

---

* LO가 1975년에 채택해 SAP(스웨덴사회민주주의노동자당)가 수용할 것을 촉구했다. SAP는 1976년 의회 선거에서 요구를 수용했다.

동자까지 모든 임노동자들이 참여해 선출된 대표들이 통치할 것이다. 한 기업의 종업원은 자신이 소속된 기업에 대해서는 20퍼센트 이상의 의결권을 행사할 수 없으며, 주식이 늘어나 발생한 의결권은 대표 기구가 가질 것이다.[6]* 스웨덴에는 강력하고, 단일화되어 있으며 포괄적인 하나의 노조가 전국적으로 힘을 모아 중앙에서 임금 협상을 주도하고** 임금을 사회화하는 데 성공해 왔기 때문에 스웨덴 노동운동과 사회민주당은 여기에서 내가 제시하고 있는 방식보다 좀 더 집중화된 방식을 선호한다. 그런데 중요한 점은 이 기금이 '경제 민주주의'에 기여하면서도 동시에 더 많은 자본을 투자로 끌어들일 수 있다는 점이다.[7]

1973년 덴마크의 사회민주당이 제안했던 안(Ministry of Labour 1973)은 발상 면에서 여기에서 논의하고 있는 자치 기업과 더욱 유사

• 1976년 보고서에서는 기금이 기업의 주식 총액의 20퍼센트를 차지할 때까지는 해당 기업의 노조에게 이사 선임권을 부여하고, 20퍼센트를 넘어서면서부터는 부문 기금에 이사 선임권을 부여하기로 했었다. 그런데 1978년 공동안에서는 기금이 기업의 주식 총액의 40퍼센트를 차지하기까지는, 이사 선임 문제를 포함하여 기업 내의 의사 결정 전반과 관련하여 기금이 부여해 주는 표결권을 해당 기업의 임노동자들과 지역 기금에 동일한 비율로 분배하고, 40퍼센트를 넘어서면서부터는 추가적 표결권을 모두 지역 기금에게 부여하기로 했다(신정완, 『임노동자기금 논쟁과 스웨덴 사회민주주의』(2000, 신여강, 262쪽).

•• 스웨덴의 생산직 노동자들 대부분은 LO 소속이다. LO는 노동자들을 대표해 1956년부터 1991년까지 SAF(스웨덴 경영자연맹)와 임금 협상을 수행했다. 1991년부터는 산업별 협상으로 바뀌었다.

하다. 덴마크 대부분의 기업(약 2만 5천 개)에서는 급여를 지급할 때 일정 액수를 적립토록 하는데, 적립금은 두 가지 방식으로 사용된다. 액수가 작은 첫 번째 적립금은 국가 투자 기금이나 배당 기금에 납입되어 국가적으로 투자를 확대하면서 동시에 덴마크 노동자 모두에게 사회적 배당금을 나눠 주는 데 사용된다. 사실상 모든 노동자들이 임금이나 연봉이 아니라 근무 연수에 따라 이 기금으로부터 증권을 받는다. 이 증권은 양도할 수 없지만 67세가 되거나 소지한 지 7년이 지나면 반납하고 그 금액을 인출할 수 있다. 사망 후에는 그 가치만큼 상속할 수 있다. 액수가 더 큰 두 번째 적립금은 기업 내에서 사용되는데, 급여 지급 시 적립되는 돈으로 종업원들이 집단적으로 소유하는 주식을 사고, 종업원들은 기업의 시민으로서 1인 1표의 의결권을 행사할 수 있도록 하는 데 사용된다. 하지만 노동자가 가지고 있는 주식의 비율이 자본금의 50퍼센트를 넘길 수 없도록 하고 의결권도 50퍼센트 이상을 갖지 못하도록 하고 있다. 이는 아마도 개인 투자자들을 보호하기 위한 목적인 듯하다. 스웨덴의 메이드네르 플랜처럼 덴마크의 이런 정책도 몇 가지 목적을 염두에 두고 만들어졌는데, 그 목적은 부를 보다 평등하게 분배하고, 경제를 보다 민주적으로 운영하며, 투자 자금을 지속적으로 확보하려는 것이었다.

따라서 노동자들이 기업 통치에서 더 많은 경영권을 얻는 대가로 자신의 임금 가운데 일부를 투자용으로 기금에 납입하도록 하는 사회적 계약을 맺는다는 말은 터무니없는 이야기가 아니다. 위계적으로 운영되는 기업보다 자치 기업이 노동 의욕을 부추기고 그래서 더 효율적이라는 점이 입증된다면 자치 기업 체계는 최근 미국을 따라잡은 일본의 성공마저도 능가하는 경제성장을 달성할 수 있는 처방이 될 수 있을 것이다.

수단 : 경영 기술 | 레닌의 『국가와 혁명』*State and Revolution*에서 도 나타나듯이 혁명가들이 크게 잘못 생각한 것 가운데 하나는, 경영 기술이 그다지 중요하지 않으며, 자연스레 습득될 수 있거나 혁명적 열정을 통해 충분히 보완할 수 있는 것으로 보았던 점이다. 역사적 기록을 살펴보면 이는 어리석은 생각임을 잘 알 수 있다. 문제는 자치 기업이 경영 기술을 필요로 할 것인지의 여부가 아니라, 노동자들과 그들의 대표가 미국의 법인 기업들보다 경영자를 뽑고 감독하는 데 덜 능숙한지 여부이다. 오늘날 미국의 법인 기업을 통제하는 경영자들은, 매우 예외적인 난관에 봉착한 경우가 아닌 한, 결정에 있어 대체로 별다른 간섭을 받지 않으며, 심지어 그와 같은 상황에서도 언제나 간섭을 받는 것은 아니다(Herman 1981). 자치 기업 체계가 수립되면 종업원들은 현대적 경영 기술과 노하우를 배울 수 있는 기회를 그 어디서보다 많이 갖게 될 것이다. 몬드라곤 협동조합연합의 성공 요인 가운데 하나는 협동조합이 상당히 전문적 수준의 기술 교육을 비롯한 종업원 교육에 힘써 왔다는 점이다. 그 결과 몬드라곤 협동조합연합은 자체적으로 경영자를 양성할 수 있었다(Thomas and Logan 1982, 42-74). 미국에서는 패기 있고

근성 있는 상당수의 생산직 노동자들과 사무직 노동자들이 관리자나 경영자가 되려는 의욕을 보이지만, 이들에게는 필수적인 경영 기술이 부족하다(예를 들어 Witte 1980 참조). 효율성 향상과 경제성장은 금융 자본 못지않게 — 혹은 그 이상으로 — 인적 자본에 대한 투자를 통해 가능하다(Dennison 1974 참조). 자치 기업 체계가 도입되면 인적 자본을 늘리려는 노력은 줄어드는 게 아니라 오히려 늘어날 것 같다.

만약 한동안 유능한 경영자의 공급이 부족하다면, 자치 기업들은 노동자 소유의 퓨젓 사운드 합판회사(Puget Sound Plywood가 그랬던 것처럼 유능한 경영자를 영입하기 위해 경쟁할 것이다. 평의회 회원과 의장은 조합원들이 조합원들 가운데서 선출하며 모두 똑같은 봉급을 받는다. 하지만 평의회와 의장은 외부에서 최고 경영자(general manager를 영입하는데, "그가 주주로서[즉, 노동자 조합원으로서] 받을 수 있는 금액보다 훨씬 많은 봉급을 요구할 수 있기 때문이다. …… 경영자가 될 수 있는 능력은 합판 제조 공장에서 일한다고 해서 얻을 수 있는 것이 아니다. 그래서 보통 우리는 이 업계에서 찾을 수 있는 최고의 인물을 고용한다"(Bennett 1979, 81-82, 85).

수단 : 효율성 | 자치 기업이 유능한 경영진을 영입하는 능력이 미국의 법인 기업 못지않다면, 현재의 미국 법인들보다 결코 (좁은 의미에서) 효율성이 떨어진다고는 말할 수 없다. 그리고 자치 기업이 경쟁이나 규제와 같은 외적 통제들을 회피

하는 경향이 미국 법인들보다 덜하다면, (넓은 의미에서도) 효율성이 떨어진다고는 할 수 없다. 나는 지금까지 자치 기업에서 이런 결점들이 나타나지 않을 것이라 보는 것이 합당한 이유를 살펴보았다.

그러나 자치 기업이 기존 기업만큼 효율적일 수 있다면, 예전에는 왜 그토록 자주 실패를 겪었을까? 미국과 영국의 노동사에서 알 수 있듯이 19세기 후반 미국과 영국에서 생산자 협동조합이 생겨났지만 단명하고 말았다. 노동조합 지도자들은 생산자 협동조합이 단명한 것을 지켜보며, 자본주의 경제에서 노동자의 이익을 위해서는 생산자 협동조합보다 노동조합주의와 단체교섭이 훨씬 더 현실적인 길이라는 생각을 갖게 되었다. 미국과 영국뿐만 아니라 유럽의 노동운동과 사회주의 운동에서도 보통은 생산자 협동조합을 주요 단기 목표로 설정하지 않았다. 노동 경제학자와 사회역사가를 비롯한 대부분의 학자들은 노동자 관리 기업labor-managed firm이 현대 경제와는 맞지 않는 버림받은 유토피아적인 아이디어라고 주장했다(예를 들어, Commons et al. 1936, 2:488).

하지만 최근 몇 년 사이 수많은 요인들로 인헤 이런 과거 경험들의 타당성을 재평가해야 한다는 움직임이 일어났다(Jones and Svejnar 1982, 4-6 참조). 법인 자본주의와 관료적 사회주의 모두 만족할 만한 성과를 보여 주지 못했다는 점도 이와 같은 재평가 움직임에 한몫했는데, 두 모델의 실패는 제3의 대안을 모색하도록 자극했다. 유고슬라비아에서는 자주 관리 기업이 도입되어 상당한 시련에도 불구하고 살아남았다. 미국의 합판 협동조합이나 스페인의 몬드라곤 협동조합연합의 경우 놀랄 만한 성과가 있었다. 수리경제학적 분석 역시 노동자가 경영하는 시장경제가 효율성의 기준을 어떻게 충족시킬 수 있는지 이론적으로 보여 주었다(Vanek 1970). 또 생산성을 높이기 위해서는 작업장의 위계 구조를 없애고 노동자의 참여를 높일 필요가 있다는 인식도 늘어나고 있으며, 유럽과 미국에서는 노동자가 참여·통제·소유하는 많은 새로운 시도들이 성공하고 있다.

요컨대 노동자 관리 기업이 많이 실패한 것이 노동자 관리 기업이 가지고 있는 자체적인 약점 때문이 아니라 신용·자본·경영 기술의 부족처럼 해결 가능한 문제 때문이었다는 점이 명백해졌다. 게다가 과거의 사례를 살펴보면 일반적으로 생산자 협동조합은 최악의 환경에서 조직되었다. 경제가 불황일 때 기업이 파산하는 것을 종업원들이 막아 보려고 기업을 인수해 생산자 협동조합을 조직했던 것이다. 노동자들이 이미 경영에 실패한 기업을 떠맡아 회생시키지 못한다고 해서 놀랄 일은 아니다. 오히려 놀라운 점은 사적 소유와 경영으로 실패했던 기업을 노동자들의 협동조합이 때때로 회생시켜 내고 있다는 것이다. 예를 들어 일부 성공한 합판 협동조합들은 사적 소유 형태였다가 실패한 기업에서 시작했다(Berman 1982, 63).

이미 언급한 대로 스페인의 몬드라곤 생산자 협동조합은 또 다른 성공 사례이다. 몬드라곤 생산자 협동조합에는 스페인 최대 공작기계 생산업체뿐만 아니라 스페인 최대 냉장고 제조업체가 소속되어 있다. 스페인 경제가 불황에 빠져 실업이 증가하던 1977년에서 1981년 사이에도 몬드라곤 협동조합연합의 고용 인원은 15,700명에서 18,500명으로 증가했다(Zwerdling 1980, 154ff.; The Economist 1981/10/31, 84).*
몬드라곤 협동조합연합이 은행 대출을 받을 수 있었더라면 — 몬드
라곤 협동조합 복합체는 현재 은행을 자체적으로 소유하고 있다
(Thomas and Logan 1982, 75-95) — 몬드라곤 자치 기업들은 미국 법
인들보다 훨씬 더 빠른 회복세를 보였을 것이다. 일반적인 기업들은
노동자들을 해고하고 문을 닫아야만 하는 어려운 시기에, 자치 기업
의 조합원들은 스스로 월급과 수익 배당을 줄이고, 몬드라곤 협동조
합연합에서 그랬던 것처럼 기금을 조성해 자본 비율을 높일 수 있다.
여러 사례에서 알 수 있듯이 자치 기업은 수익 배분 정책으로도 주주
소유 법인들은 절대 달성할 수 없는 정도로 창조성, 에너지, 충성심
을 고취시킬 수 있다(Melman 1958 참조).

　　노동자 관리 기업과 전통적인 법인의 상대적 효율성을 엄밀히 비
교하는 것은 매우 어려운 작업이고 이와 관련한 연구도 아직 부족하
다. 하지만 아주 훌륭한 연구(Jones and Svejnar 1982)도 있다. 이 연구는
여러 국가들의 사례를 광범위하게 분석해 다음과 같은 결론을 내렸다.
의사 결정에 노동자들이 참여한다고 해서 생산성이 떨어지는 경우는

─────

• 몬드라곤 협동조합은 2011년 스페인에서 아홉 번째로 큰 기업으로 성장했다. 세
계 경제 위기로 도산율이 증가하고, 고용율이 20퍼센트나 하락했던 지난 2008년
에도 오히려 14,938명의 신규 고용을 창출하며 성장세를 이어갔다. 몬드라곤의
유통그룹 에로스키(Eroski)는 경제 위기 속에서도 19퍼센트나 성장하며 164개 신
규 매장을 열었다.

드물다. 생산성에 특별한 영향을 미치지 않거나, 오히려 생산성을 향상시키는 경우가 훨씬 많다(Simmons and Mares 1983, 285-93도 참조).

기업 내에서는 어느 정도의 민주주의가 가능할까?

법인의 민주화를 지지하는 입장이나 반대하는 입장이나 모두 법인 구조가 민주화됨으로써 나타날 효과를 지나치게 과장해 왔다. 그런데 중앙집권화된 군주제나 현대 독재 체제의 권위주의적 구조가 민주화되면 국가 통치에서 권력관계가 변하는 것과 마찬가지로 현대 법인의 통치 구조가 민주화되면 기업 내 권력관계도 크게 바뀔 것이다. 미국인들이 국가의 공적 통치에서 지난 2백 년 동안 추구해 왔던 통치자와 피통치자 사이의 관계도, 지금까지 사적으로 이루어졌던 경제의 통치 구조로까지 확대될 것이다.

민주적 제도의 중요성을 지나치게 과대평가한 적도 많지만, 그렇다고 해서 국가 영역에서 민주적 제도의 중요성을 과소평가한다면 그것은 잘못이다. 마찬가지로 일하는 사람들의 일상생활에서 권위주의적 법인 제도의 심각성을 과소평가하는 것도 잘못이다. 민주적 구조도 로베르트 미헬스Robert Michels의 '과두제의 철칙', 즉 조직은 결국 과두제로 귀결된다는 법칙을 피할 수는 없는 것은 확실하다. 하지만 미헬스의 '법칙'은 깨지지 않는 철칙이 아니다. 기껏해야 인간 조직에서 나타나는 일반적인 경향에 불과하다. 완전히 사라지지는 않겠지만, 개인과 집단의 자치가 일반적인 흐름이 되고, 엄격한 위계적 통제가 어느 정도는 협력적인 통제로 대체된다면, 과두제 경향은 상쇄될 수 있다. 따라서 국가 통치에서 민주적 구조가 그랬던 만큼 작업장에서의 민주적 통치 구조도 민주적 절차의 기준들을 잘 충족시킬 것이라는 기대는 비합리적인 생각이 아니다.

소결

이번 장에서 내 논증은 기업의 민주화에 대한 주요 반론들이 분석과 증거에 의해 적절히 뒷받침되고 있지 못하다는 것을 보여 주었다. 자치 기업이 보다 중요한 권리인 사적 소유권을 침해한다는 지적은 사실이 아니다. 국가 통치에서 민주적 절차가 정당하다는 것을 보여 주기 위해 살펴봤던 가정들을 기업에는 적용할 수 없다는 주장도 사실이 아니다. 기업에서의 민주주의가 허울에 불과할 것이라는 것도 사실이 아니다. 기업의 민주화를 반대하는 이런 반론들이 타당하지 않다면, 3장에서 살펴본 목표들을 추구하는 국가라면 민주주의를 기업까지 확장하려 할 것이다. 그리고 그런 국가의 국민들은 보통 다음과 같이 생각할 것이다.

국가 통치에서 민주주의가 정당하다면, 기업 통치에서도 민주주의는 정당하다. 게다가 기업 통치에서 민주주의가 정당하지 않다면, 국가에서 어떻게 민주주의가 정당할 수 있는지 도무지 모르겠다. 민주적 절차가 적용되는 결사체에 속한 구성원이라면 민주적 절차를 통해 스스로를 통치할 수 있는 권리를 가진다. 이런 가정이 국가 통치뿐만 아니라 기업 내부를 통치하는 데도 적용된다면, 우리는 기업 내에서도 민주적으로 스스로를 통치할 수 있는 권리를 가진다. 물론 기업 통치에 민주적 절차를 적용한다고 해서 국가 통치를 비롯해 대규모 인간 조직에서 필연적으로 나타나는 과두제 추세를 완전히 극복하고 완벽하게 민주적이 될 것이라고 생각하지는 않는다. 우리가 국가 통치에서 민주적 절차가 상당한 결함을 가지는데도 불구하고 그것을 지지하는 것과 마찬가지로, 기업의 통치에서도 우리는 민주적 절차가 결함을 가질 것이라는 예상에도 불구하고 그것을 지지하는 것이다. 그러므로 이미 국가를 통치하면서 그랬던 것처럼 기업의 통치에서도 민주적 절차를 요구할 권리를 행사해서는 안 될 이유는 없다. 따라서 우리는 그런 권리를 행사하고자 한다.

5

소유,
리더십
그리고 자치 기업으로의 전환

민주 시민은 자치 기업 중심의 경제 체계를 도입함으로써 정치적 평등, 정의, 효율성, 경제적 자유뿐만 아니라 정치적 자유와 같은 목표를 성취하기 위한 중요한 발걸음을 내딛게 된다. 물론 이런 구조적 변화로 해결할 수 없는, 또는 개선할 수 없는 문제들 역시 계속 생길 것이다. 복잡한 세상, 복잡한 사회라면 으레 있기 마련인 문제들까지 여기에서 관심을 쏟기는 사실 힘들다.

예를 들어, 여기에서 설명하고 있는 종류의 자치 기업 체계에서도 여전히 군사·외교 문제, 재정·금융정책, 사회보장제도와 의료 제도, 의료·식품·의약품 등에서 규제 비용을 고려한 부정적 외부 효과에 대한 규제 등 많은 주요 현안들에 대해 중앙정부가 권위를 행사할 필요가 있다. 투자, 저축, 경제성장 그리고 산업별 성장과 같은 문제들에 대해서도 중앙정부가 정책을 수립하고 집행하는 것이 바람직하다. 마지막으로 공정성을 위해서 그리고 소비자를 독점기업의 횡포로부터 보호하기 위해 중앙정부는 새로운 기업이 시장에 쉽게 진입할 수 있는 환경을 만들 필요가 있다. 따라서 아무리 자치 기업 체계라고 해도 자치 기업의 소유 형태와 상관없이 자유방임적인 정책만 실행하는 야경국가로 중앙정부의 역할이 축소되지는 않는다. 자치 기업 체계는 자율적인 노동자들의 결사체, 시장 그리고 자유계약을 기반으로 하는 프루동주의적인 무정부주의 사회나 완전히 독립적이고 자기 충족적인 코뮌들로 분해되어 있는 사회와는 기능적으로 다르다.[1]

그러나 자치 기업들이 민주적인 사회의 목표에 유의미한 공헌을 할 수 있다는 주장은 다음의 네 가지 문제들과 밀접히 관련되어 있다.

공정성

경제적 자원을 배분할 때 형평성equity이나 공정성fairness의 적절한 기준이 무엇인가는 계속해서 논란의 여지가 있는 문제이지만 미국적 방식으로 부와 소득을 분배하는 것이 우리가 옹호할 만한 형평성의 기준을 충족시키고 있다고 설득력 있게 논증하기는 매우 힘들다. 사실 경제적 불평등을 형평에 어긋나지 않는 것으로 정당화하려는 사람은 거의 없다. 최근 저술가들 가운데 기존의 재산권에 대한 정부의 개입을 가장 강력히 반대하고 있는 로버트 노직조차도 분명히 불평등을 정당화하려 하지는 않는다. 하지만 기존의 분배 구조가 형평에 어긋나지 않는다는 데 동의하는 많은 이들도 효율성, 성장 그리고 완전고용을 위해서는 경제적 불평등이 불가피하다며 이를 정당화한다. 현재 만연한 심각한 경제적 불평등이 사업의 성과를 보장하는 데 반드시 필요한 것은 아니라고 주장하는 사람들 사이에서도, 상당수는 형평성과 효율성은 상충하는 관계에 있기 때문에, 정당하다고 볼 수 있는 그 어떤 재분배라도 여전히 형평성의 합당한 기준에는 상당히 미치지 못할 것이라고 입을 모을 것이다(Okun 1975).

오늘날 미국과 같은 경제구조에서는 경제적 성과를 위해 분배 정의를 상당히 희생하도록 요구하는 것처럼 보인다. 하지만 내가 앞서 말했듯이 자치 기업의 경제는, 비록 완벽한 자기 조정 기능을 가진 것은 아니지만, 소득과 부를 훨씬 더 폭넓게 분산시키는 데 도움이 될 것이다. 그렇게 되면 경제는 더욱더 공평해질 것이다. 물론, 모든 기업이 자치 기업으로 전환한다 해도, 분배의 결과는 공정성에 관한 엄격한 기준 ─ 예를 들어 평등한 분배로부터의 이탈은 최하층의 처지를 향상시키지 못한다면 허용될 수 없다는 존 롤스의 기준 ─ 을 충족시키지는 못할 것이다(Rawls 1971). 따라서 한 국가가 자치 기업을 자신의 경제 모델로 채택하려 할 경우, 국민들 역시 자치 기업이 분배에서의 몇 가지 일반적인 평등 원칙들에 동의할 수 있는지 여부를 판단해 보고 싶어 할 수 있다. 세금이나 소득 이전과 같은 방법으로 분배의 평등 원칙을 적용할 때도 사람들은 분명 분배의 공정성과 다른 주요 가치들, 예를 들어 효율성과 성장과 같은 가치가 대립하지는 않을지 살펴보고 싶어 할 것이다. 하지만 개연성 있는 실용적인 해법을 예측해 보는 것은 몰라도 여기에서 한 국가가 반드시 채택해야 하는 특정 해법을 처방하려 한다는 것은 어리석은 일이기 때문에 나는 그렇게는 하지 않을 것이다.

중요한 점은 미국과 같은 나라에서는 부와 소득의 불평등이 기업 간 또는 산업 간 임금격차 때문에 발생하는 것이 아니라는 점이다. 주요 불평등은 주로 두 가지 요인에서 비롯된다. 즉, 고도로 집중된 재산 소유와 사실상 외부의 통제로부터 자유로운 결정을 내리는 최고 경영진에 지급되는 높은 보수가 바로 그것이다. 자치 기업 체계는 소유로부터 나오는 소득을 분산시키고, 고위직의 봉급과 보너스를 조정함으로써, 부와 소득을 좀 더 형평성 있게 분배할 것이다. 국가는 부의 대물림을 막을 수 있도록 상속세를 부과함으로써 모든 시민들 사이에 삶의 기회가 좀 더 공정하게 분배되도록 할 수 있다.

자치 기업 체계만으로 완벽하게 정의로운 사회를 만들 수는 없겠지만, 미국의 법인 자본주의 체계보다는 훨씬 더 분배 정의의 수준을 끌어올릴 수 있을 것이다.

소유

자치 기업의 소유 방식에는 어떤 것이 있을까? 네 가지 가능성을 생각해 볼 수 있다. 기업 구성원들에 의한 개별적 소유, 모든 종업원들이 참여하는 협동조합적 소유, 국가 소유, 또는 '사회적' 소유가 그것이다.

개별적 소유 | 일부 생산자 협동조합에서는 조합원 각자가 회사의 지분을 한 주씩 소유하며, 노동자는 한 주당 한 표의 권리를 행사할 수 있다. 이런 방식은 1인 1표의 원칙을 유지시키고, 다른 특징들과 결합해 의사 결정을 민주적으로 통제하는 기반이 된다. 종업원들이 소유한 지분의 양이 서로 다르고, 갖고 있는 지분의 양에 따라 행사할 수 있는 표가 증가하는 방식보다 이렇게 동등한 지분, 동등한 의결권을 갖는 방식은 민주적 기준에 훨씬 더 부합한다.

하지만 데이비드 엘러먼David Ellerman이 논증했듯이 지분 소유를 기반으로 하는 노동자 협동조합은 치명적인 딜레마에 빠질 수 있다. 만약 회사에 재정적인 문제가 발생할 경우, 파산하게 된다. 반대로 재정적으로 성공하면, 미국 북서태평양 지역 노동자 소유의 합판 협동조합에서처럼, 지분 가격이 너무 높아져 새로운 조합원이 조합에 참여하기 어려운 상황이 발생하기도 한다.[2] 반면 회사를 그만두는 사람들, 특히 은퇴하는 사람들은 가격을 가장 높게 부르는 사람에게 자신의 지분을 넘기려고 하기 때문에 결국 그 지분은 외부인의 손으로 넘어가고 끝내는 조합이 해체되는 상황이 발생할 수 있다(Ellerman 1982; Zwerdling 1980, 95-104).

더구나 지분의 시장가치가 높아져서 잠재적 신규 조합원이 배제될 정도가 되면, 더욱 교묘한 방법으로 조합이 위태로워질 수 있다. 신규 조합원이 참여할 수 있도록 하기 위해서는 조합원들 자신이 가진 지분의 가치를 떨어뜨려야 하기 때문에, (이스라엘의 키부츠와 같은) 몇몇 합판 협동조합에서는 차별대우를 받는 비조합원 임금노동자를 고용하게 되었다(Zwerdling, 102-3).

협동조합 소유 | 엘러먼과 몇몇 학자들은 개별적 소유의 어려움을 해결하면서 동시에 기업의 협동조합적 특성을 강화하기 위해서, 스페인의 몬드라곤 협동조합연합과 같이 기업에서 일하는 노동자들이 기업을 단체로 소유해야 한다고 주장했다(Thomas and Logan 1982, 7, 149-61; Ellerman 1982, 13-17). 이 방식이라면 소유권과 관련한 전반적인 권리를 개별 노동자들이 나눠 갖는 것이 아니라 노동자 집단이 갖는다. 민주적으로 통치되는 영토 단위에서 그러하듯, 노동자가 기업에서 시민권을 갖는 것은 소유권에 의해서가 아니라 구성원 자격에 의해 결정된다. 민주주의국가의 구성원은 시민권을 통해 국가의 구성원으로서 완전하고 평등한 권리를 부여받지만 국가의 부에 대한 개별적인 지분 소유를 주장할 수는 없는 것

과 마찬가지로, 협동조합 소유 기업에서 조합원은 완전하고 평등한 권리를 가지지만 기업의 자산 가운데 일정 몫을 임의로 처분할 수는 없다. 따라서 양도 가능한 주식을 지분으로 받는 대신에 기업-시민 각자는 (봉급과 다른 비용을 제한 후) 발생한 초과 수익을 배당받을 '내부 계정'을 하나씩 가진다. 노동자가 조합원이 되려면 조합비를 내야 하며, 그 조합비가 내부 계정의 첫 잔고가 된다.[3] 회계 연도가 끝나면 수익금(또는 손실금)은 나누어져 각각의 내부 계정으로 입금(또는 인출)된다.

조합이 성장하면 내부 계정의 가치도 당연히 상승한다. 이런 방식이라면 일반적으로 조합원들은 주식과는 달리 계좌 잔고를 양도할 수는 없지만, 유동성을 해치지 않는 한도 내에서 잔고를 인출할 수 있다. 따라서 조합을 떠나거나 퇴직하는 종업원은 합판 협동조합에서처럼 자신의 지분을 사고자 하는 사람을 찾아다닐 필요 없이 몇 년에 걸쳐 잔액을 인출하면 된다.

국가 소유 | 또 다른 대안으로는 사회주의적 해법으로 잘 알려진 국가 소유가 있다. 하지만 사회주의 사상에서나 실제 현실에서나 국가 소유의 역사는 이와 같은 대안에 먹구름을 드리웠다. 사회주의자를 비롯해 국가 소유를 주장하는 사람들은 대체로 자치 기업에 필요할 만한 정도의 자율성을 국가 소유 기업에 부여하는 것을 부정해 왔다. 영국 노동당은 국유화된 기업에서의 노동자 참여 범위 문제를 두고 십여 년간 논쟁한 끝에, 1944~45년

즈음에 결국 노동자가 국가 소유 기업을 통치하는 데 직접 참여할 자격이 있다는 생각을 단호히 거부해 버렸다(Dahl 1947).*

그러나 관료적 사회주의가 지지를 잃으면서 일부 사회주의자들은 국가 소유와 노동자 통제를 어떻게 하면 결합할 수 있을지를 고민했다. 데이비드 밀러David Miller는 한 산업군을 국가가 소유한 후, 종업원에게 기업을 빌려주고, 종업원들이 그것을 자치 기업으로 운영토록 하는 방안을 제안했다(Miller 1977, 475). 이 방식에는 여러 가지 장점이 있겠지만, 개인이 소유하든 조합이 소유하든 여전히 사적 소유의 성격을 강하게 지니고 있는 종업원 소유 방식과는 달리, 무엇보다 기업의 공적 성격을 상징적으로 보여 줄 수 있는 장점이 있다. 이런 상징적 효과가 사소하다고만 할 수는 없으며, 사회주의적 전통이 강한 나라에서 사회주의 정당에 의해 자치 기업 체계가 추진된다면 매력적인 정책이 될 것이다.

그러나 상징적인 국가 소유 방식도 자체적으로 문제가 있다. 국가 소유가 한편으로 정말 순전히 상징적인 것이라면, 국가는 어떤 법적 권리도 갖지 못할 것이고, 따라서 정부는 일반적·공적·사회적 이익을 보호하기 위한 목적이라도 기업 활동에 직접 간여할 수 있는 권한을 갖지 못한다. 물론 정부는 언제든지 일반적인 입법 활동을 통해

• 그래서 노동당은 1945~51년 집권 기간에 대규모 국유화를 단행하고 노동자들이 아니라 행정부가 임명한 이사들이 이사회에서 국유화한 기업을 경영하도록 했다.

기업 활동에 간여할 수 있지만 그렇게 하면 상징적 소유의 의미 자체가 없어진다. 다른 한편으로 국가가 소유한다는 이유로 국가가 직접 개입할 수 있는 법적 권한이 생기는 것이라면 기업의 자치는 흔들리기 시작할 것이다. 그런 상황이라면 정부로부터 독립적으로 기업을 운영할 수 있도록 한다는 애초의 약속은 더 이상 의미가 없을 것이다. 정부가 공익을 보호할 목적으로 입법적·행정적·관료적 압력을 행사한다면, 기업은 정치화되고 종국에는 정부 산하 기구로 전락해 버릴지도 모른다. 결국 국가 소유는 상징적인 것과는 거리가 먼 것이 되고, 자치 기업이 외려 상징적인 것이 될 것이다. 관료적 사회주의로 빠지지 않기 위해서 찾아낸 해법이 오히려 관료적 사회주의에 빠지게 하는 것이다.

사회적 소유[4] "제2차 세계대전 이후 유고슬라비아에서 입안된 법 가운데 가장 유명한 법"['노동자 집단에 의한 국가 경제 기업과 상급 경제 연합의 관리에 관한 기본법'] — 이후에 이 법률은 1963년 헌법에 포함된다 — 에는 다음과 같은 구절이 있다.

국가는 더 이상 생산수단의 소유자가 아니며, 생산수단은 이제 '사회적 재산'이 되었다. 각 기업에서 일하는 노동자는 사실상, 사회적으로 소유하고 있는 재산에 대한 지분을 가지고, 기계나 건물과 같은 형태의 재산을 자신의 손으로 관리하는 위탁 관리자이며, 노동자 평의회나 운영위원회와 같은 선출된 기관을 통해 자신의 권한을 행사한다(Rusinow 1977, 58).

  종업원들은 기업의 자산을 소유하고 있는 것이 아니라 사회를 위
해 위탁 관리하고 있는 것이기 때문에, 자신의 이익을 위해 기업의 자
산을 처분할 수 없다(Dirlam and Plummer 1973, 22). 그러나 유고슬라
비아 사회는 그 자체의 독특한 제도들[예컨대 유고식 사회주의]을 통해서
만 작동하는 실체이기 때문에, 일반적으로 소유와 관련된 모든 권리,
권력, 특권은 그 자체의 제도에 맡겨져야만 한다. 그래서 사회적 소유
는 나이단 파시치Najdan Pašić가 이야기한 "공적 소유의 기본 딜레마
…… [이재] 따라서 사회주의의 기본 딜레마이기도 한" 문제 ─ 즉, "누
가 공공 재산과 사회적 자본 속에 물화되어 있는 거대한 경제적 권력
을 통제할 것인가?"의 문제 ─ 를 피해 갈 수 없다(Pašić, in Rusinow,
328). 유고슬라비아에서 이 문제에 대해 권위를 가지고 말할 수 있는
제도들 가운데, 특히 중요한 기관은 당과 (연방이나 공화국의)● 정부이
다. 자주 관리 기업의 구조, 의무 그리고 권한은 법령과 헌법에 의해
규정되기 때문에, 기업에 대한 주권적 권위는 법적으로는 국가에 있

● 지금은 해체되어 사라진 유고슬라비아의 공식 명칭은 '유고슬라비아 사회주의 연
방공화국'으로 1991년 4개 공화국이 분리되기 전까지 유고슬라비아는 6개 공화국
(republics) ─ 보스니아-헤르체고비나 , 크로아티아 , 마케도니아 , 몬테네그로,
세르비아, 슬로베니아 공화국 ─ 으로 이루어진 연방(federation) 형태를 유지하
고 있었다.

고 실질적으로는 정당과 국가의 지도부에 있을 것이다. 그 결과, 기업의 '사회적' 소유는 거의 상징적인 의미밖에 없다. 자산을 처분하는 것을 금지하는 것조차 국가가 강제하는 일이기 때문에, 국가 소유와 사회적 소유를 나누는 경계는 매우 모호하다.[5]

그런데 1950년부터 유고슬라비아의 당정 지도부는 세계에서 가장 분권화된 경제를 만들고 유지해 왔기 때문에, 유고슬라비아는 국가 소유에서 예상되는 동학에 대한 내 앞선 논증을 반박하고 있다고 주장할 수 있을지도 모른다. [하지만] 유고슬라비아 체계가 가지는 역설은, 기업 내에서는 전 세계의 그 어떤 경제 체계보다 가장 높은 수준의 민주적 통제를 허용하고 있고, 또 아마도 그렇게 하는 데 성공했다고 할 수 있는 유고슬라비아의 분권화된 경제가, 비민주적 정권에 의해 도입되어 강제적으로 운영되고 있다는 점이다. 따라서 유고슬라비아는 서구 민주주의국가가 거울에 비친 모습과 같다. 즉, 유고슬라비아에서는 기업 통치가 민주적 절차에 의해 이루어지지만 국가 통치는 그렇지 못한 데 반해, 서구 민주주의국가에서는 국가 통치는 민주적 절차를 통해 이루어지지만 기업 통치가 그렇지 못하다.

현실적 이유뿐만 아니라 이데올로기적인 이유로* 1950년 유고슬라비아에 도입되었던 자주 관리는 이제 뿌리를 확고하게 내려 당

---

* 유고슬라비아는 한때 스탈린주의를 열렬히 추종했으나, 소비에트연방과의 관계가 악화되고 나서 스탈린주의적 경제정책 노선을 완전히 포기하고, 자주 관리를 국가 이데올로기로 채택했다.

정 지도부라 해도 자주 관리의 정통성을 무너트리지 않고서는 이 제 도를 마음대로 없앨 수 없게 되었을 수 있다. 하지만 데니슨 러시노 Dennison Rusinow가 1948년부터 1974년까지 급격히 변화하는 유고슬라 비아의 자주 관리 실험을 관찰해 쓴 글에서 알 수 있듯이, 당정 지도 부는 당대회에서 일방적으로 유고슬라비아의 기본적인 정치·경제구 조의 향방을 결정했다. 물론, 당 내부나 시, 도, 각각의 공화국들, 그 리고 입법부는 여러 사회집단들과 다양한 이해관계들, (넓은 의미의 마 르크스주의 내에서의) 이데올로기들, 그리고 민족적 정체성들을 반영하 고 있었지만, 당정 지도부는 자신들의 정책·강령·이데올로기에 대한 조직적 반대를 절대 용납하지 않았고, 공개적인 선거 경쟁도 허락하 지 않았다(Rusinow, 261, 330-32, 346 참조).

유고슬라비아의 사례를 통해 세 가지 결론을 내릴 수 있다. 첫째, 유고슬라비아의 경험을 가지고는 '사회적' 소유가 폴리아키polyarchy 체 계에 의해 통치되는 국가들 — 다양한 정치적 권리, 압력단체, 복수 정당, 복수의 이데올로기, 제도들을 갖춘 — 에서 어떤 모습을 나타낼 지 알 수 없다. 둘째, 실제 '사회적' 소유에서는 정부를 운영하는 지도 부가 자주 관리 제도를 만드는 데 막강한 역할을 할 것이다. 소유와 관 련된 권리, 권력 그리고 특권은 '사회'에 의해 직접 행사될 수 없고 사 회 기관들이 갖고 있기 때문이다. 셋째, '사회적' 소유는, 파시치의 말 대로, "전문 경영인이나 심지어 기업을 [경영하는] 노동자들이 실질적인 소유권을 전유함으로써 '사회적 재산'이 결국 '한 집단만의 재산'으로 변질되어 버리는 것을 어떻게 하면 막을 수 있을까"(Rusinow, 328)와 같은 고민들을 자동적으로 해결해 주지 못한다. 어떤 면에서 보면 모든 민주적 단위는 다른 단위들이나 훨씬 더 포괄적인 단위들과의 관계에서 보면 모두 '사적'이라 할 수 있다. 한 경제단위를 거기서 일하는 노동자들만이 통치한다면, [거기서 일하지 않는] 다른 이들이 그 경제단위를 통치할 수 없는 것이다. 따라서 실질적으로 유고슬라비아의 '사회적 소유'는 특정 단위에서의 협동조합 소유와 다르지 않다. 유고슬라비아가 경제적 실체의 사회적 소유 대신에 협동조합 소유를 헌법으로 규정한다고 해서 실제로 달라지는 것이 얼마나 있을까?

협동조합 소유의 장점 | 협동조합 소유는 합판 협동조합에서처럼 개인이 개별적으로 소유한 지분을 처분하면서 발생하는 문제들을 피할 수 있다. 그러면서도 개별적 소유와 마찬가지로, 국가의 관료적 통제로부터 기업의 자율성을 국가 소유나 '사회적' 소유의 경우보다 더 잘 보호할 수 있다.

국가 소유와 사회적 소유에는 겉으로는 잘 드러나지 않는 문제점이 한 가지 더 있다. 즉, 자치에 적합한 [경제적] 실체는 무엇으로 구성되는가라는 문제이다. 이는 작업장 민주주의 문제보다도 더 어려운 문제로, 민주주의 이론에서도 자치 단위 구성 문제는 만만한 문제가 아니다. 사실 이에 대해서는 아직도 만족스러운 이론적 해법이 나오지 못했다(Dahl 1983). 어쨌든 우리는 기업을 민주화시키고자 한다면 이 문제에 부딪힐 수밖에 없다. 구체적으로 말해, '기업'을 자치하려면 '기업'을 어떻게 구성해야 할까, '작업장'을 민주화하려면, '작업장'을 어떻게 규정해야 할까와 같은 문제다. 처음에는 자치 기업을 쉽게 정의할 수 있다. 버몬트 아스베스토스 그룹Vermont Asbestos Groups, 사우스벤드레이드South Bend Lathe 사, 또는 제너럴모터스General Mortors 사의 뉴 하이엇 베어링 부문에서 전환한 하이엇-클락 산업Hyatt-Clark Industries 과 같이 기존 기업에서 자치 기업으로 전환한 경우에 특히 그렇다.

하지만 한 기업 내에서 어떤 노동자들이 자신들만의 독립적인 자치 단위를 결성하겠다고 주장하면 어떨까? 그런 주장을 무조건 받아들여야 할까? 왜 그래야 할까? 그들의 주장은 어떤 기준에 못 미칠까? 그렇다면 그 기준은 무엇일까? 부품 산업 협동조합 내에 자본이 고도로 집약된 부품 제조 단위가 있다고 가정해 보자. 이 부문에서 일하는 노동자들이 독립적인 소형 부품 협동조합을 만들고 싶어 한다. 좀 더 결정적인 것은 이 노동자들이 부품 제작에 필요한 기계와 설비를 자신들의 수중에 넣고 싶어 한다는 점이다. 기존의 부품 산업 협동조합 소유 설비를 가져가려는 신규 협동조합의 주장을 무조건 받아들여야 할까? 그렇지 않다면 수익 중 일부를 설비 값으로 받아야 할까?

국가 소유든 사회적 소유든 자치 단위 기준은 법률에 의해 정해야만 하고 국가가 이를 집행해야만 한다. 전국노동관계위원회National Labor Relations Board, NLRB●에서 어떤 단위로 단체교섭에 나설 것인지 결정해야

● 미국 연방행정부의 독립적 합의제 행정 기구로, 5명으로 구성된 위원회와 사무

만 하는 것과 마찬가지다. 유고슬라비아는 1974년 헌법 개정을 통해,

기존의 기업들을 결국 해체했다. '작업 단위'work unit가 점차 발전한 결과이다. '작업 단위'는 1950년대 후반에 만들어져 1971년 이후부터는 BOAL Basic Organizations of Associated Labor 이라고 불렸는데, 이 조직은 법적 지위를 갖춘 중앙 경제관리 기구가 되었다. 경제활동에서 얻은 순소득은 이제 BOAL의 소득이며 이 소득은 개별 BOAL의 관리하에 조건 없이 배분되고, 사용되었다. 기업은 더 이상 자체 소득을 갖지 못하게 된 것이다(Rusinow, 328-29).

경제적 실체economic entity를 자치에 맞게 어떻게 구성할지 결정하는 문제는, 전국노동관계위원회와 단체교섭 단위에서 그랬던 것처럼, 어렵긴 하지만 실질적 해법이 없는 것은 아니다. 전국노동관계위원회의 단체교섭 단위를 어떻게 구성하면 적절할지를 다룬 판례만 해

총장의 관리를 받는다. 노동조합들의 선거를 감독하고, 부당노동행위를 감시하며, 노동쟁의를 처리한다. 노조는 사용자에게 자신을 단체교섭의 대표로 인정하고 단체교섭에 임할 것을 요구하는데, 사용자가 이를 거부할 경우 노조는 전국노동관계위원회에 대표권 선거를 요청한다. 이때 전국노동관계위원회는 전국노동관계법(National Labor Relations Act)과 여러 가지 관행을 고려해 교섭 단위에 대한 판단을 내린다. 그 후 그 교섭 단위에 포함된 전체 노동자(조합원, 비조합원 모두 포함)를 대상으로 대표권 선거를 실시하고 노조는 과반수 득표를 얻음으로써 교섭 당사자로 인정받는다("미국의 노사 관계와 단체교섭 구조," 임영일, 2000, 『사회연구』13 참조).

도 방대하다.

협동조합 소유라면 이런 문제를 법률로 해결하는 일은 줄일 수 있다. 한 그룹의 노동자들이 자신의 업무에 필요한 자산을 구매, 임대, 대여 등을 통해서 구할 수 있고 이들이 법적으로 독립적인 자치 협동조합을 구성한다고 가정해 보자. 예를 들어, (하이엇-클락 산업이나 래스패킹 사 등이 종업원 지주제로 전환하면서 종업원에게 제공했던 융자처럼) 부품 산업 협동조합의 특정 생산 부문 노동자들이 협동조합에게서 자신들이 사용하던 자본 설비를 장기 상환 대출로 구매하고 추후 발생하는 수익으로 대출을 갚아 나갈 수 있다면, 그 노동자들은 독립적인 자치 협동조합을 만들 것이다. 하이엇-클락 산업이 제너럴모터스 사와 베어링 납품 계약을 체결했듯이 독립한 소형 부품 협동조합이 부품 산업 협동조합과 납품 계약을 체결할 수도 있다. 따라서 국가 소유나 사회적 소유에서 국가 관리 기관의 결정이 필요한 복잡한 문제도 계약 협상을 통해 간단히 해결할 수 있다.

자본주의인가 사회주의인가? | 어떤 소유 형태가 좋을지 판단하기 전에 그것이 자본주의적인지 사회주의적인지부터 따지는 사람들이 있다.

그런데 그 질문이 본질적으로 중요한 질문일까? 정말 중요한 질문은 소유 형태에 어떤 꼬리표가 붙어 있는지가 아니라 그 소유 형태가 사람들이 자신의 기본 가치를 실현하는 데 얼마나 도움이 되는가이다. 자본주의에 집착하는 사람들은 자치 기업 체계가 자본주의로 분류되지 않으면 자치 기업 체계를 인정하지 않을 것이다. 사회주의에 집착하는 사람들도 마찬가지다. 굳이 그렇게 단순하고 융통성 없는 이데올로기적 관점으로 따지자면, 협동조합 소유는 이쪽에 속할 수도 있고, 저쪽에 속할 수도 있다. 그리고 양쪽에 속할 수도 있고, 어느 쪽에도 속하지 않을 수 있다.

협동조합 소유의 자치 기업 조합원들에게는 개인의 측면에서 사유재산권의 핵심이라고 생각되는 대부분의 권리가 없다. 즉, 기업에 대한 소유권, 사용권, 경영권, 임차권, 판매권, 양도권, 처분권, 지분 이전권 등이 없다. 물론 기업을 사적으로 소유하는 체계라고 해서 기업 자산에 대한 이런 권리를 개별 주주가 모두 갖는 것은 아니다. 개별 주주는 자신의 지분에 대한 권리만 가지고 있을 뿐이다. 자치 기업에서 조합원들은 이 모든 권리를 집단적으로 가질 수는 있지만 개인적으로 가질 수는 없다. 이런 의미에서 협동조합이 소유한 자치 기업은 공적인 성격을 갖는 동시에 사적인 성격을 갖는다. 조합원들과의 관계에서는 공적인 성격을 갖지만, 비조합원들과의 관계에서는 사적인 성격을 갖는다. 조합원은 조합의 수익금을 나누어 자신의 몫만큼 받지만 지분 자체를 팔거나 이전할 수는 없다. 조합원이 가지고 있는 지분은 개인 재산personal property이라고 할 수는 있지만 사유재산 private property은 아니다. 자치 기업 체계는 어떻게 보면 자본주의처럼 보이지만, 또 어떻게 보면 분권화된 사회주의같이 보이기도 한다.

자치 기업 체계를 기존의 유형, 즉 자본주의와 사회주의 어느 한

쪽에 귀속시키는 것은 그다지 도움이 되지 않는다. 내 의견을 말하자면, 자본주의 지지자들은 자치 기업 체계를 자본주의에서 한 걸음 더 나아간 새로운 형태로 봐주고, 사회주의 지지자들도 마찬가지로 자치 기업 체계를 사회주의가 한 걸음 더 나아간 새로운 형태로 봐준다면 문제가 없을 듯하다. 하지만 이론적 논쟁이란 것이 그렇게 간단히 끝나지 않는다는 점도 잘 알고 있다.

리더십

리더십 문제는 민주주의를 지지하는 사람, 특히 민주주의 이론가들에게 항상 어려운 문제였다. 역사적 경험을 돌이켜 볼 때 리더가 없는 민주주의 질서를 그려 보는 것은 불가능하다. 하지만 막상 리더를 민주주의 질서 속에 넣어 보려면 여간 골치 아픈 게 아니다. 리더의 정의定義로 보나 함의로 보나 또는 현실로 보나 리더는 개인임에도 불구하고 여러 의사 결정에서 같은 개인인 일반 시민들보다 더 큰 영향력을 행사한다. 리더들이 우월한 영향력을 행사하는 것은 엄격히 따지자면 정치적 평등을 침해하는 것이다. 이와 같은 리더십이 미치는 영향과 민주주의에 대한 엄격한 해석에 근거해 본다면, 대부분은 정치적 불평등이 불가피하므로 과두제가 나타나는 것도 불가피하다고 주장하는 미헬스의 불합리한 추론에 동조하기 쉽다.

리더십 문제는 민주주의 이론과 실천의 일반적인 문제이기 때문에, 자치 기업이 지방정부나 중앙정부와 같은 다른 민주주의 조직보다 이 문제를 더 잘 해결할 것이라고 기대해서도 안 되고, 그렇게 요구해서도 안 된다. 일부 학자들은 여태껏 국가에 적용되는 민주적 절차보다 작업장 민주주의가 더 참여적이고 더 평등하며, 일반적으로는 더 민주적이라는 점을 근거로 작업장 민주주의를 정당화하려 했지만, 이 책에서는 그런 근거로 정당화하지 않는다. 일터에서의 자치 문제는 그 결과를 보고 정당성을 찾을 필요도 없으며 국가 통치에서 자치가 당연한 권리이듯 일터에서도 자치는 당연한 권리이기 때문에 정당하다는 것이 내가 논증하고자 하는 것이다. 국가 통치에서 민주적 절차가 불완전하다고 해서 민주주의를 버리고 수호자주의로 가야 한다는 주장이 어불성설이듯이 기업 통치에서 민주적 절차가 불완전하다고 해서 수호자주의 제도를 도입하는 것이 정당하다고 볼 수는 없다.

그러나 스스로를 파멸적으로 통치할 권리를 가진다고 이야기할 수는 없다. 그런 상황이라면 사람들은 자치권을 행사하지 않는 것이 더 낫다고 생각하고 행사하지 않는 쪽을 선택할 것이다. 이런 측면에서 자치 기업에서의 리더십 문제는 어떨까? 지금까지 우리는 자치 기업이 미국 법인들보다 통치를 더 못한다고 단정할 만한 이유를 찾지 못했다. 예를 들어 임원진 선택에 있어 위계적이고 권위적인 구조를 가진 기업의 주주나 협동조합의 경영진보다 노동자가 못할 이유가 없다. 그리고 자치 기업의 종업원이 오히려 경영진을 더 잘 선택할 것이라는 개연성 있는 논증도 있다(나는 잠시 후 이 문제로 돌아올 것이다). 임원진들은 특별한 기술과 기회를 가지고 있기 때문에 많은 문제에서 일반 조합원보다 더 큰 영향력을 행사하는 경향이 있다는 점에는 의심의 여지가 없다. 그리고 이런 측면에서 자치 기업도 정치적 평등과 민주적 절차의 엄격한 기준을 어기는 것이다. 하지만 이 점은 사실상 다른 모든 민주적 조직들도 마찬가지다. 따라서 자치 기업이 지방정부와 중앙정부를 비롯한 다른 조직들보다 민주적 기준을 덜 충족한다고 생각할 만한 근거는 없다.

하지만 이런 결론으로도 리더십 문제가 사라지지는 않는다. 특히 자치 기업 체계를 말하다 보면 혁신의 문제에 부딪히게 된다. 새로운 상품을 어떻게 발명하고, 새로운 프로세스를 어떻게 개발하며, 새로운 시스템을 어떻게 만들어서 시장에서 자리 잡도록 할 것인가? 새로운 경제조직을 어떻게 만들 것인가? 그것이 기업이든, 기업 내의 한 단위든, 하청 업체든, 유고슬라비아의 BOAL과 같은 조직이든 마찬가지다. 이 문제는 기업가 정신entrepreneurship 또는 한 저자의 말대로 '사내 기업가 정신'intrapreneurship●(*The Economist* 1982/04/17~23, 68, 67-72 전반)의 과제이다. 이 과제들을 어떻게 수행할 것인가? 자치 기업이 전체 경제에서 차지하는 비중이 작다면, 자치 부문의 성장에 좋지 않을 수 있지만, 기업 혁신의 과제를 다른 형태의 기업들에 미뤄 볼 수도 있

● 기업가 정신이 새로운 사업 기회를 찾아 이를 실현하는 창업 활동과 관련된다면, 사내 기업가 정신은 기업 내에서 기업가 정신을 발휘해 기업의 지속적인 발전을 위해 노력하는 혁신 활동과 관련된다.

다. 하지만 자치 기업이 기업의 전형이 되려면 자치 기업은 스스로 이 과제를 풀어야 한다.

자치 기업 체계에서 혁신이 지속적으로 문제가 된다면 단기적인 특별 인센티브를 부여해서 기업가 정신을 고양할 수도 있다. 예를 들어 새로운 기업을 조직한 사람에게는 5년의 유예기간을 두고 자치 기업의 요건들을 면제해 줄 수 있다. 하지만 유예기간이 끝나면 국가적인 표준 규정에 따라 그 기업은 자치 기업으로 전환해야 한다.

그런데 자치 기업들이 적어도 세 가지 이유에서 이런 난관을 성공적으로 헤쳐 나갈 것이라고 보인다. 첫째, 자치 기업은 특히 소규모 기업에 적합한데, 혁신은 이와 같은 소규모 기업에서 활발하게 일어난다. 거대 제조업체의 신화에도 불구하고, 제조업체나 거대 법인이 현대 경제의 견인차를 대표한다고 볼 수는 없다. 미국에 있는 수천 개 대기업들은 1960년대 중반 이후 인력을 감축해 왔다. 하지만 "같은 기간 동안 소규모 기업들은 총 1,500만 개 이상의 일자리를 창출했다" — 이 수는 이 시기 동안 사라지지 않고 남아 있던 전체 일자리 수보다도 컸다. 또한 "미국에서 신생 소규모 기업의 절반 이상이 5년 이내에 사라지지만, 신규 일자리 대부분은 5년이 되지 않은 새로운 기업들이 창출해 냈다"(*The Economist*, 68). 1967년에서 1976년 사이 미국, 일본 그리고 영국에 2백 명 이상의 종업원을 두고 있는 제조업체들은 고용을 줄인 반면, 소규모 기업들은 고용을 늘렸다. 실제로 일본과 미국 두 나라에서 가장 높은 고용 증가율을 보인 기업은 10인 이하의 소규모 기업들이었다. 그리고 지난 50년간 전 세계 주요 발명의 3분의 2 이상은 개인이나 소규모 기업들에서 나왔다(*The Economist*, 67-68).

둘째, 미국 대형 법인들의 전형적인 경영 방식은 혁신과 성장에 부적합하다(물론 많은 소규모 기업들도 그럴 수 있다). 기업을 권위적으로 통치하는 리더십은 국가를 권위적으로 통치하는 리더십이 가진 많은 실질적 결함을 겪는다. 극단적인 경우 권위주의적인 리더들은 비판의 입을 막고, 반대하는 사람을 억압하며 자신의 귀를 닫아 버릴 뿐만 아니라, 실패가 확실시되는 정책을 채택하고 고집하기도 한다. 이들의 권력을 효과적으로 견제할 만한 방법이 없기 때문이다. 예를 들어 자동차 산업의 리더들이 설사 권위주의 국가의 통치자보다 권력이 훨씬 더 작고 자신들의 잘못으로 치러야 하는 비용이 크지 않다 해도, 소비자의 선호가 소형차로 바뀌었다는 확실한 지표가 있는데도 전통적인 대형차 생산만을 고집한다면, 스탈린의 집단농장화, 히틀러의 소련 침공, 마오쩌둥의 문화혁명, 카스트로의 단일 작물 경제가 가져온 실패와 같은 비참한 결과를 초래할 것이다.

또 다른 극단적인 경우로서, 강력한 위계적 권위를 행사하는 리더는 종업원이 생산성, 혁신 그리고 성장을 촉진하는 가장 중요한 자원이라는 점을 제대로 이해하지 못한다. 한 회사 내에서 경영진과 종업원 간의 거리가 멀어지면 관료주의에 안주하게 되고, 기술적 분석에 의존하게 되며, 추상적인 성과 기준에 집착할 뿐만 아니라 임원진의 평판, 연봉 그리고 보너스를 높이기 위한 단기 이익만을 추구하게 되기 때문에 미국 기업 내의 위계적 경영이 불황기의 처방이 되었었다. 반대로 기업을 스스로 통치하게 되면 경영진은 일본 기업의 임원진이 그렇듯이, 종업원들의 충성심, 복지 그리고 생산성에 관심을 갖게 된다.

현재 우리의 체계는 노동자들이 가진 에너지와 창의력을 제대로 계발해 내지 못하고 있다. 미국의 평균 노동자는 인간이 낼 수 있는 성과의 최대치에 얼마나 가까운 성과를 내고 있을까? 실제 수치가 1퍼센트이건, 20퍼센트이건 간에 분명 최대치에는 한참 모자란다. 수천 건의 연구가 보여 주었듯이, 동기부여가 부족한 노동자와 동기부여가 잘된 노동자 간의 업무 성과에는 차이가 있다. 그렇다면 민주적 리더십이 권위주의적 리더십보다 잠재력을 계발하는 데 훨씬 더 도움이 될 것이라고 생각하는 것이 합리적인 게 아닌가?

자치 기업이 혁신 문제를 성공적으로 해결할 것이라고 믿는 세 번째 이유는 몬드라곤 협동조합 운동이 만든 협동조합 은행의 기업 담당 부서 사례에서 찾아볼 수 있다. CLP^{Caja Laboral Popular}●라고 불리는 협동조합 은행은 설립한 지 25년 만에 120개 지점과 1천여 명의 노동자 그리고 50만 명에 달하는 고객을 확보해, 스페인에서 26번째로 큰 은행으로 성장하는 놀라운 성공을 이루어 냈다. CLP는 예금 수취 능력이 뛰어나 1982년에는 협동조합이 필요로 하는 수준 이상의 여신 능력을 갖추게 되었다(Ellerman 1982, 21).

CLP는 여러 가지 활동을 하면서 동시에 다음과 같은 방식으로 신

● 인민노동금고. 투기적 투자 행태들을 배제해 2008년 이후의 세계경제 위기에도 심각한 위기를 경험하지 않았다. 2009년 12월 31일 현재 지점의 총수는 394개, 고객의 총수는 대략 120만 명, 직원의 총수는 1,974명에 이른다.

규 협동조합 기업에 기금을 대출해 주는 업무를 했다. CLP 내 기업 담당 부서의 제품부에서는 신규 시장과 제품의 가능성을 탐색한다. 이런 '사전 타당성 검토' 결과를 '제품 은행'에서 취합하고, '제품 은행' 은 신규 기업에 최신 정보를 제공하는 역할을 한다. 대체로 신규 기업은 한 그룹의 노동자들이 ('제품 은행'에 이미 있는 제품일 수도 있고 아닌 제품일 수도 있는데) 제품안 그리고 CLP 담당과 함께 창업을 추진할 경영진에 관한 안을 들고 CLP 문을 두드리면서 시작된다. 이 창업자는 18~24개월 동안 CLP 제품부의 자문을 받으며 사업 타당성을 검토하고, 때에 따라서는 시장성 높은 상품으로 발전시키기 위해 아이디어를 수정해 간다.[6] 이때 노동자들이 제시한 안이 장래성이 있다고 판단되면, CLP는 계약을 체결하고, 기업 담당 부서의 신사업추진부가 이들이 협동조합을 착수하는 과정에서 맞닥뜨릴 수 있는 어려운 일을 돕게 된다. CLP 사업부의 지도를 받는 이런 과정은 놀라울 정도로 성공적인 결과를 보여 주었다.

지난 25년간 1백여 개의 기업이 신규로 설립되었다. 이 중에는 스페인에서 가장 큰 생산자 협동조합도 포함되어 있다. 그런데 이 중에 단 한 개 기업만이 실패했다. 문화적·경제적 차이를 인정하더라도 이런 기록은 80~90퍼센트의 소규모 기업이 5년 내에 실패하는 미국 체계와 비교했을 때 놀라운 성과임에 틀림없다(Ellerman 1982, 4).

자치 기업으로의 전환

지금까지 개략적으로 살펴본 자치 기업 체계가 자유와 함께 평등을 지향하는 사람들의 공감을 얻을 것이라고 나는 믿고 있다.

그러나 현명한 사람이라면 여기에서 제시하고 있는 소수의 사례들을 가지고 시도해 본 추상적인 논증들보다 더욱더 설득력 있는 증거를 찾고 싶을 것이다. 실천적인 사람이라면 이런 체계를 어떻게 세울지 알고 싶을 것이다. 민주주의와 정치적 자유를 중시하는 사람이라면 자치 기업 체계 전환 과정에서 민주적 절차와 정치적 기본권이 훼손되지는 않을지 궁금할 것이다.

자치 기업으로 전환하는 방법으로 두 가지 가능성을 생각해 볼 수 있다. 하나는 한 기업이 재정적으로 어려움에 빠졌을 때 노동자들이 기업을 인수할 수 있도록 돕는 것이다. 예를 들어 지방정부나 중앙정부 기관이 자금 융자, 지급보증, 조세 감면 등의 조치를 실시해 자치 기업으로 전환할 수 있도록 도울 수 있다. 이런 식으로 자치 기업의 수가 증가하고 자치 기업의 경험이 늘어나면 모두가 자치 기업이 장단점을 알게 되고, 기업의 표준 구조나 공공 정책의 변화가 필요하다는 것을 알게 될 것이다. 그러나 이런 경험들만 생각하면 한쪽으로 치우칠 수 있다. 파산한 기업을 인수해 자치 기업으로 전환하는 경우만 따지는 것은 불공정한 실험이다. 따라서 몇몇 산업 분야에서 대표적인 기업들을 뽑아 자치 기업 체계를 도입해 보는 좀 더 현실적이고 타당한 실험이 바람직하다. 예를 들면 국가가 기업을 인수한 후 노동자들에게 기업을 매각해 자치 기업으로 재편하거나 자치 기업을 위한 적당한 규모의 은행을 설립해 국가가 실험해 보는 방식이 있을 수 있다.

경험을 쌓아 가면서 우리의 처음 판단이 옳았음이 확실해지면, 다음으로 국가가 좀 더 과감하게 자치 기업으로의 전환을 추진해 볼 수 있다. 예를 들어 스웨덴이나 덴마크 안*과 같이 의회에서 법률을 제정해 수익과 급여의 일부를 자치 기업 은행에 대한 금전적 지원에 사용하도록 하거나, 자치 기업으로의 전환을 지원하는 데 쓸 수도 있다. 소득세와 상속세를 통해 지나친 부의 집중을 점진적으로 줄여 나갈 수도 있다. 이런 방향으로 나아가다 어느 시점에 이르면 상대적으로 안정된 법과 규제 구조 내에서 움직이면서도 권위와 경제적 자원을 폭넓게 배분하고, 그래서 민주주의 질서에 맞는 사회경제적 토대를 마련해 주는 경제 질서가 만들어질 수 있을 것이다.

후기

토크빌은 평등이 설령 바람직한 것이라 할지라도 언제나 자유를 위협한다고 생각했다. 그러나 만약 민주적 자치에 대한 권리가 양도할 수 없는 기본권이라면, 만약 그 양도 불가능한 권리를 행사하기 위해서는 반드시 여러 가지 더 특수한 권리들이 필요하다면, 그리고 따라서 이런 특수한 권리들도 기본권이고 양도 불가능하다면, 그리고 특정한 조건의 평등이 민주적 절차에 수반되는 정치적 평등에 필수적이라면, 갈등은 단순히 자유와 평등 사이에 존재하는 것이 아니다. 오히려 특별한 종류의 기본적 지위들 간의 갈등, 즉 민주적 절차를 통해 스스로를 통치할 수 있는 자유와 다른 여타 자유 간의 갈등으로 보아야 한다.

경제적 자유도 여타 자유들 가운데 하나이다. 일반적으로 미국인들은 경제적 자유가 개인적이고 양도할 수 없는 재산권도 포함한다고 이해해 왔다. 소유권을 기업에 적용해 보면, 이는 국가가 정해 놓은 한계 내에서 기업을 통치할 권리를 수반한다. 과거 농장과 소기업의 운영을 정당화하던 소유권의 논리는 규모가 큰 법인의 통치에까지 확장되어 비민주적 통치를 정당화하고 합법화했으며, 이는 거의 통제할 수 없는 권위의 지배 아래 일하는 모든 이들의 대부분의 삶에 깊숙이 침범해 들어갔다. 그리하여 미국인들은 국가 통치에서는 용납할 수 없다던 통치 체계를 기업 통치에서는 바람직한 것으로 받아들이게 된 것이다.

나는 이 책에서 이런 모순을 해결하고자, 완전히 해결할 수 없다면 적어도 이 모순을 줄여 보고자, 기업의 대안적 통치 형태를 살펴보았다. 법인 자본주의의 체계와 비교했을 때 자치 기업 체계는 평등과 자유 모두를 더욱더 보장할 수 있고, 균형도 이룰 수 있는 체계라고 나는 믿고 있다. 하지만 이런 전망이 얼마나 많은 미국인들의 마음을 움직일 수 있을지는 알 수 없다. 우리 미국인들은 미국 사회의 현재 모습과 앞으로 나아가야 할 방향을 두고 두 가지 입장으로 분열되어 있었기 때문이다. 단순하게 요약해 보자면, 한 입장에서는 미국이 세계 최초로 민주주의, 정치적 평등 그리고 정치적 자유를 대륙 수준에서 실현하는 가장 원대한 시도를 해왔다고 생각하고 있다. 또 다른 입장에서는 부를 무제한으로 쌓을 수 있도록 자유에 제한을 두지 않음으로써 미국이 세계에서 가장 크게 번영할 수 있었다고 생각하고 있다. 첫 번째 관점에서는 규모가 크고 다양성이 특징인 국가에서 모든 시민이 민주주의, 정치적 평등 그리고 정치적 기본권을 성취함으로써 미국인들의 이상은 실현된다. 두 번째 관점에서는 재산권을 보호받고 물질적으로 풍요로워지고 부유해질 기회를 보장받음으로써 미국인들의 이상은 실현된다. 첫 번째 관점에서 자치권은 인간의 권리 가운데 가장 기본적인 권리이고 자치권이 재산권과 충돌한다면 자치권이 우선한다. 두 번째 관점에서는 재산권이 우선하며 자치권은 부차적인 권리이다.

이와 같이 상호 대립적인 이상들 가운데 어떤 쪽을 선택해야 할지를 두고 우리뿐만 아니라 많은 미국인들은 생각을 달리하고 있다. 나는 이렇게 다른 생각을 가진 사람들이 기존의 재산권, 경제적 불평등 그리고 법인 기업 내의 비민주적인 권위보다 자치에 필수적인 민주주의와 정치적 평등 그리고 정치적 권리가 우선한다고 주장할 만큼 확고한 신념과 뚜렷한 전망을 가지고 있다고는 단언할 수 없다.

옮긴이 후기•

1

로버트 A. 달은 1915년, 미국 아이오와 주의 소도시 인우드Inwood에
서 태어났다. 노르웨이에서 농장 일을 하던 달의 할아버지는 새로운
기회를 꿈꾸며 미국으로 건너왔다. 그의 할아버지는 당시에 막 제정
된 홈스테드법의 혜택을 받아, 160에이커에 이르는 땅을 공여받으면
서 서부에 정착했다. 달의 아버지는 서부에서 의사로 일하면서 가정

• 로버트 달의 가족사와 스캐그웨이에서의 경험에 관해서는 Robert Dahl, *After
the Gold Rush, Growing Up in Skagway*(Xlibris Corp, 2005)를 참조했다. 또한
달의 이론적 경력과 주요 저서에 대한 내용은 제라르도 뭉크(Gerardo L. Munck)와
리처드 스나이더(Richard Snyder)가 편한 비교정치학자들의 인터뷰집인, *Passion,
Craft, and Method in Comparative Politics*(The Johns Hopkins University Press,
2007)를 참조했다.

을 꾸렸다. 그러나 생계가 그리 넉넉한 편이 아니었고, 환자들 대부분이 농부들이다 보니 왕진을 가도 현금 대신 계란이나 우유, 고기 등을 내놓기 일쑤였다. 그러던 차에 달의 아버지는 알래스카 철도 노동자들을 돌볼 의사를 찾는 신문 광고를 보고는 그 일에 지원한다. 결국 달이 만 10세가 되던 1926년, 달의 가족은 서부에서 알래스카의 스캐그웨이Skagway로 이주하게 된다. 당시 스캐그웨이는 인구 5백여 명 정도의 작은 마을이었지만 그는 이곳에서 다양한 경험을 했다. 특히 방학 때마다 학비를 마련하고자 부두 노동과 철도 노동을 했는데, 당시 만났던 노동자들과 쌓은 인간적 경험은 이후 '보통 사람들'이 운영하는 민주주의를 신뢰하도록 하는 데 깊은 영향을 미쳤다.

1936년에 워싱턴 대학 정치학과를 졸업한 달은 예일 대학 정치학과 대학원 과정에 진학한다. 하지만 당시만 해도 공직자의 길을 걷고 싶었기 때문에 학위 과정 도중, 전미노동관계위원회의 경제조사국Division of Economic Research에서 1년간 인턴으로 일하며 뉴딜 정책을 직접 경험했다. 이때 그는 노먼 토머스Norman Thomas를 추종하는 평화적 사회주의자들과 교류하면서 사회당Socialist Party of America, SPA에 입당하기도 했다. 이후 다시 학교로 돌아간 달은 1940년에 사회주의 프로그램과 민주주의 정치의 양립 가능성을 다룬 논문으로 박사 학위를 받았다. 학위 취득 후에는 농림부Department of Agriculture, 물가관리국Office of Price Administration, 전시생산부War Production Board 등에서 일하다 관료 생활에 염증을 느끼고 제2차 세계대전에 참전한다. 전쟁이 끝난 후 1946년에 예일 대학으로 돌아온 이후에는 1986년 은퇴할 때까지

학계를 지켰으며 현재 스털링 명예석좌교수로 있다. 1966년부터 1967년까지 미국정치학회 회장직을 역임했으며, 미국정치학회에서 시상하는 제임스 매디슨 상James Madison Award의 첫 번째 수상자이자, '정치학계의 노벨상'이라 불리는 요한 쉬테 정치학상The Johan Skytte Prize in Political Science의 첫 번째 수상자이기도 하다.

2

박사 학위 논문을 작성한 뒤 공직 생활과 참전으로 긴 공백기를 가졌던 로버트 달은, 노동자 경영 참여에 대한 영국 노동당의 견해를 고찰한 논문 "노동자의 산업통제와 영국의 노동당"(1947)Worker's Control of Industry and the British Labor Party과, 사회민주주의적 관점에 근거해 마르크스주의 체제에서의 정당 문제를 연구한 "마르크스주의와 자유로운 정당들"(1948)Marxism and Free Parties을 발표하며 본격적으로 정치학자로서의 경력을 쌓기 시작한다. 이후 그는 민주주의에 관한 경험적 분석과 이론적 개념화에 본격적으로 착수하게 되는데, 이는 민주주의에 관한 일련의 주요 저작들을 거치며 점차 발전했다.

우선, 자신의 첫 번째 민주주의 이론서라 할 수 있는 『민주주의 이론 서설』(1956)A Preface to Democratic Theory에서, 로버트 달은 직접민주주의 개념을 비판하며, 다원주의적 민주주의론을 개진하기 시작했다. 여기서 그는 자유민주주의 사회에서 권력은 다수의 이익집단과 정당

그리고 시민들에게 분산되어 있으며, 따라서 어느 한 집단이 정치 영역을 통제하지 못한다고 주장했다. 이후 달은 소수의 파워엘리트가 자유민주주의 체제를 지배한다고 보았던 C. W. 밀즈C. Wright Mills를 비롯한 '엘리트주의 이론가들'의 관점에 방법론적으로 그리고 경험적으로 도전함으로써 자신의 다원 민주주의론을 발전시켰다. 특히, 그는 권력 개념에 관한 일련의 논문을 통해 엘리트주의 이론가들의 연구가 통상적인 사회과학 방법론의 기준을 충족시키지 못한다고 비판했는데, 『누가 통치하는가?』(1961) Who Governs?에서는 코네티컷 주 뉴헤이븐 시의 권력 구조를 분석함으로써 엘리트주의 이론을 경험적으로 비판했다.

이어서 달은 『폴리아키』(1971) Polyarchy에서 자신의 생각을 종합한 새로운 개념을 창안한다. 민주주의에 대한 국가 간 교차 분석 연구의 이정표라고도 할 수 있는 이 책을 통해 그는 민주주의를 어떻게 개념화할 것인가에 대한 광범위한 합의를 이끌어 내는 데 기여했다. 그는 민주주의에 대한 기존의 관점들이 현실에서 작동하고 있는 그 어떤 체제도 경험적으로 도달할 수 없는 이념형에 입각해 있다고 생각했기 때문에, 경험적으로 연구 가능한 실제 사례들을 설명하기 위해 폴리아키라는 용어를 사용했다. 폴리아키 개념은 ① 민주주의의 실질적 결과가 아니라 절차적 측면에 초점을 맞추었다는 점에서 한편으로는 슘페터를 계승하면서도, ② 민주적 절차를 엘리트 간의 경쟁으로 축소시켰던 슘페터를 비판하며 대중 참여의 제도적 조건과 구성 요소를 제시해 이를 비판적으로 넘어서려는 야심찬 시도였다. 비록 어느 논평자의 언급처럼 폴리아키라는 용어가 민주주의라는 용어를 대체하지는 못했지만, 이는 민주주의를 다루는 많은 비교정치학 문헌들에서 필수적으로 인용되고 있다.

이처럼 달은 민주주의의 이념과 실제를 구분하고 그 기원과 역사적 전개를 양립 가능한 방식으로 다루는 연구를 통해 현실 분석 모델로서의 민주주의 개념을 성공적으로 개척하면서, 데이비드 이스턴David Easton의 체계 이론 및 가브리엘 알몬드Gabriel Almond의 구조기능주의 이론과 더불어, 20세기 중반 미국 정치학의 주류를 형성했다. 하지만 1960년대와 1970년대를 거치며 미국 민주주의의 위기적 징후들이 나타남에 따라 달의 입장 역시 변화하기 시작한다. 특히, 베트남전과 반전운동, 워터게이트 사건, 그리고 끊임없이 나타나는 인종차별 문제들을 목격하면서 그의 생각은 조금씩 바뀌게 된다. 비록 자원의 배분이 불평등하더라도 다원적 민주주의를 통해 정치적 평등을 실현할 수 있으며 정치적 평등으로 경제적 불평등을 다시 완화할 수 있을 것이라던 그의 낙관적 전망은, 현실에 대한 설명력이 부족해 보였기 때문이다. 실제로, 달은 린드블롬Charles Lindblom과 공저한『정치, 경제 그리고 복지』Politics, Economics and Welfare(1953)를 1976년에 다시 발간하며 새로 추가한 서문에서, 지난 23년 동안 미국의 정치·경제 질서는 무능했다고 비판하고 정부가 부유한 사람들에게 더 귀를 기울인다고 지적했다. 이와 같은 입장은『다원 민주주의의 딜레마』Dilemmas of Pluralist Democracy(1982)를 통해 더욱 발전하는데, 여기서 그는 대규모 민주주의 체제에서 소수집단들이 과도한 영향력을 행사해 정치적 불평등이 발생하게 되는 다원 민주주의의 딜레마를 설명했다. 이후 달은 경제적 불평등이 정치적 평등을 위협하기 때문에 경제적 불평등을 시정해야 한다고 주장하며, 재산권과 같은 경제적 자유를 중시하는 법인 자본주의 경제체제의 개혁을 주문한다. 바로 이와 같은 현실 인식과 진단 속에서 쓴 글이 바로 이 책 『경제 민주주의에 관하여』이다.

3

『경제 민주주의에 관하여』는 토크빌에 대한 비판적 분석으로 시작된다. 토크빌은 『미국의 민주주의』*Democracy in America*에서 미국 민주주의의 성공에 주목하면서도 그 미래를 우려했는데, 달은 이를 비판적으로 검토하면서 정치적 평등을 가능케 하는 조건—경제적 평등—을 밝히고, 평등이 자유를 위협한다는 민주주의의 확장에 대한 우려를 불식시킨다. 그리고 그는 현대 법인 자본주의사회의 경제적 불평등을 해소하는 방안으로 기업 통치의 민주화를 제안한다.

　좀 더 구체적으로 살펴보면, 토크빌은 미국 사회에서 평등이 거의 최대한 실현되었으며, 이와 같은 평등의 확대는 문명 세계에서 불가피한 현상이라고 생각했다. 반면, 평등의 확산과 더불어 자유는 점점 더 위태로워지고 있으며, 궁극적으로는 자유가 고사할 수도 있을 것이라고 우려했다. 이에 대해 달은 미국에서 평등의 확산을 가능하게 했던 '조건의 평등'은 매우 예외적인 현상으로, 미국인들이 잠시 누렸던 행운이었다고 지적한다. 실제로, 토크빌이 방문했던 1830년대 당시만 해도 미국에는 농업에 필요한 토지가 거의 무한했기 때문에 조건의 평등이 가능했지만, 19세기 후반 이후에는 법인 자본주의가 확대되면서 경제적 불평등이 심화되고 정치적 평등은 위태로워졌다는 것이다. 이 점에서 달은 토크빌의 우려처럼 평등이 자유를 고사시키는 것이 아니라, 거꾸로 과도한 자유가 평등을 고사시킬 수 있음을 지적한다.

나아가, 평등이 확대되면 다수의 전제가 발생할 수 있다는 토크빌의 우려에 대해서도 달은 민주주의의 역사를 돌아보며 반박했다. 오히려 사유재산권과 같은 경제적 자유가 경제적 불평등을 낳았고 그런 경제적 불평등이 자유를 위협하게 되었다는 것이다. 더 나아가 그는 법인 자본주의 체제에서 기업의 배타적 소유와 통제를 합리화하는 논변들에 의문을 제기한다. 달은 사유재산권이 도덕적 기본권이라는 통념을 비판하고, 사유재산권이 재산의 무제한 축적이나 기업의 사적 소유까지 정당화해 줄 수는 없다는 주장을 펼쳐, 경제적 불평등을 야기하는 법인 기업의 소유와 통제 체계를 변화시킬 수 있는 가능성을 타진했다.

계속해서 달은 기업의 소유와 통제 체계를 변화시키는 구상을 통해, 민주주의와 정치적 평등 그리고 자유를 실현할 수 있는 대안적 경제 질서를 모색했다. 달이 주장하는 경제 질서는 노동자들을 포함해 여러 이해 당사자들이 기업을 어떻게 소유하고 통제할지 민주적 절차에 따라서 스스로 결정하거나 그 권한을 위임해 결정할 수 있는 자치 기업들로 구성된 자기 조정적 경제 질서이다. 그리고 달은 기업에서의 자치가 재산권을 침해하지 않는다고 말한다. 또한 민주성과 공정성을 높이면서도 효율성을 떨어뜨리지 않는 노동자들의 정당한 권리 행사임을 밝힌다. 그는 민주적 절차를 기업의 통치에까지 도입한 자치 기업이 경제적 불평등을 완화시킬 것으로 예상하면서 경제적 불평등이 완화되면 정치적 평등도 증진될 것이라고 기대한다.

4

『경제 민주주의에 관하여』가 출간된 1985년 이후로 지금까지 많은 변화들이 있었다. 그가 사례로 들었던 여러 자치 기업들 가운데 상당수가 파산했으며, 1985년의 산업구조와 2011년의 산업구조는 분명히 다르다. 그럼에도 출판된 지 25년이 지난 지금 다시 이 책을 번역하게 된 것은 1985년의 달이 지금의 우리에게 중요한 제안을 하고 있기 때문이다.

이 책이 출판된 1980년대 중반 무렵 한국에서는 본격적인 민주화 이행이 시작되었다. 지금까지 수평적 정권 교체가 이루어졌고, 몇 번의 경제 위기는 있었지만 쿠데타나 혁명의 위협이 다시 나타나지는 않았다. 절차나 제도의 차원에서 민주주의는 자리 잡은 것이다. 하지만 민주주의가 부와 자원을 좀 더 평등하게 분배하는 데 기여할 것이라는 기대는 충족되지 못했다. 정리 해고의 희생자는 늘어났고, 비정규직 노동자는 정규직보다 많아졌다. 민주화 이후 24년이 흘렀는데도 경제적 불평등은 오히려 심화되고 있으니, 도대체 무엇이 문제일까?

달도 같은 문제의식에서 이 책을 썼다. 그는 경제적 불평등이 심화되면서 나타나는 민주주의의 위기 징후들에 주목했고, 미국의 민주주의가 어떻게 보통 사람들의 삶을 실질적으로 향상시킬 수 있을지 고민했다. 그는 경제적 불평등의 여러 원인들 가운데 가장 큰 원인으로 법인 자본주의 아래 기업의 소유와 통제가 비민주적으로 이루어짐으로써 불평등이 지나칠 정도로 심화되었다는 점을 지적하고, 그 해결책으로 민주적 절차를 기업에까지 도입한 자치 기업 체계를 제안했다. 더 나은 사회를 위해서는 경제, 그중에서도 기업이 민주화되어야 한다고 주장한 것이다.

경제 민주주의는 그 자체로 새로운 주장은 아니다. 여러 정치가들과 학자들이 경제 민주주의를 주장하고 있다. 하지만 이들이 말하는 경제 민주주의 개념과 달이 말하는 경제 민주주의 개념은 매우 다르다. 기존의 주장들은 대부분 소득 재분배와 같이 불평등을 사후적으로 개선하는 문제에 집중하고 있다. 일부는 재벌 개혁 내지 기업 지배 구조 개혁과 같은 기업 단위 개혁안을 제시하며 소액 주주 운동이나 주식 매입을 통한 실력 행사 등 주주 자본주의적 대안을 추구하고 있다. 그리고 다른 일부는 국민경제적 차원의 규제와 조정을 강조한다.

그러나 기업의 소유와 통제 체계에 민주주의 원리를 적용할 수 있다고 말한 사람은 지금까지 없었다. 기업의 내부 통치 구조에 주목한 경제 민주주의론을 찾아보기란 상당히 어렵다는 말이다. 이 문제를 빼고 불평등 문제를 개선해 나갈 수 있을까? 많은 사람들이 대부분의 시간을 기업 안에서 일하며 보낸다. 기업도 통치자와 피통치자 사이에서 권한과 권력의 관계가 존재하는 조직이다. 그런데 왜 이 조직은 민주적이면 안 되는가?

5

이 책은 정교한 논리와 풍부한 사례를 담고 있다. 최대한 원문의 의미를 살려 번역하려고 노력했지만 아쉬움이 남는다. 이 책을 옮기는 과정에서 이미 국내에 일부 또는 전체가 번역되어 있는 다양한 판본들을 참고했음을 밝힌다.● 후마니타스 출판사의 강독 모임 친구들을 비롯해 이 책을 함께 읽은 여러 친구들에게 고마움을 전한다. 김민혜, 김영지, 서정현, 신희석, 안현경이 도움을 주었고, 특히 박종석은 큰 도움을 주었다. 또한 우지숙 교수님과 엄석진 교수님 그리고 후마니타스 출판사 분들께도 감사드린다.

● 『경제민주주의』(송종래·조영철 옮김, 탐구당, 1990), 『경제민주주의』(안승국 옮김, 인간사랑, 1995), 『현대 민주주의론의 경향과 쟁점』(강정인·김세걸 엮음, 문학과지성사, 1994).

미주

1 ___ 평등은 자유를 위협하는가

1 토크빌은 위대한 정치 이론가였다고 생각하지만 위에서 제기한 종류의 질문들을 명확하게 다뤘던 그런 부류의 이론가는 아니었다. 그의 이론은 보통 암시적이며, 당시의 맥락에 깊이 뿌리박고 있고, 아주 제한된 조건에만 적용될 수 있다. 이 책에서 내가 하고 있는 것과 같은 시도, 즉 그의 이론을 좀 더 명쾌하게 만들고, 탈맥락화 해서, 좀 더 보편적으로 적용 가능하도록 만들려는 시도는, 정작 토크빌 자신은 받아들이지 않았을지도 모르는 이론을 그의 이론이라고 말하는 것이나 다름없다.

2 지금 생각해 보면, 나는 이 점에 대해 『민주주의 이론 서설』(*A Preface to Demo-cratic Theory*)(1956, 22-24)에서 실험적으로 다룬 적이 있었지만 만족스럽지 못한 처방에 그쳤다.

3 토크빌의 저작들을 모두 뒤져 보면 그 답을 찾을 수 있을지도 모르겠다. 비록 나는 회의적이지만 말이다. 예컨대, 『앙시앵 레짐과 프랑스혁명』(*The Old Regime and the French Revolution*)[이용재 옮김, 박영률출판사, 2006]도 이 점에 대해서는 그다지 도움이 되지 않는다.

4 '양도할 수 없다'는 것은 자발적이든 비자발적이든 포기할 수 없다는 의미이다. 제퍼슨 시대의 표준 문법에서는 'unalienable'이 쓰였지만, 제퍼슨은 독립선언문에서 'inalienable'을 사용했다(Wills 1978, 370). 여기서는 제퍼슨의 용법을 따르겠다.

5 린츠(Juan Linz)와 스테판(Alfred Stepan)의 『민주주의 체제들의 붕괴』(*The Breakdown of Democratic Regimes, 1978*)와 모를리노(Leonardo Morlino)의 『정치체제를 어떻게 변화시킬 것인가』(*Come cambiano i Regimi Politici, 1980*)를 참고했으며, 우루과이가 두 저작에서 빠져 있어 내가 추가했다. (그들과 마찬가

지로) 의회주의 체제에서 급격히 독재로 전환한 신생국들 특히 아프리카 탈식민 신생국들은 제외했다. 그러나 이 국가들을 포함시킨다면 오히려 이어지는 논증은 강화될 것이다.

6 선거 개혁은 1912년에 있었지만 "전체 시민이 참여한 첫 번째 선거는 1916년에 야 시행되었다. 1916년 그날이야말로 제한된 민주주의가 막을 내리고, 대중민주주의가 시작된 시점으로 볼 수 있다"(Germani 1969, 132).

7 우루과이의 민주주의 경험과 붕괴에 관해서는 지금까지 거의 연구가 없었다(그러나 Gillespie, 1982, *The Breakdown of Democracy in Uruguay : Alternative Political Models*을 참고하라). 하지만, 앞서 말한 다른 국가들과 달리 우루과이에서는 민주적 절차와 제도가 체제와 정치 문화에 깊이 뿌리내리고 있었던 것으로 보인다(Gonzalez 1982b, 27-28). 우루과이가 갖고 있는 민주주의 문화의 깊이와 지속성을 고려한다면 우루과이에서 민주주의 체제가 회복될 것이라는 기대를 하게 된다(Gonzalez 1982a).

8 이 국가들은 네덜란드, 노르웨이, 뉴질랜드, 덴마크, 룩셈부르크, 미국, 베네수엘라, 벨기에, 서독, 스웨덴, 스위스, 아이슬란드, 아일랜드, 영국, 오스트리아, 이스라엘, 이탈리아, 일본, 자메이카, 캐나다, 코스타리카, 콜롬비아, 트리니다드토바고, 프랑스, 핀란드, 오스트레일리아이다. 인도는 인디라 간디(Indira Gandhi)가 헌법적 보장들을 정지시킨 시기가 있기 때문에 목록에서 제외했다.

9 콜롬비아의 시스템을 전형적인 민주주의라고 보기도 힘들고, 전형적인 과두제라고 보기도 힘든 것은 알렉산더 와일드(Alexander Wilde)의 세심한 기준을 따라서이다. "모든 것을 감안해 볼 때, 기만행위나 야당에 대한 주기적 탄압이 콜롬비아를 역사적 '민주주의국가들' 가운데 하나로 치지 못하는 이유가 되지는 않는다"(p. 31). "몇 가지 기준에 따르자면 1949년 11월 이전까지는 콜롬비아에도 일종의 민주주의가 체제가 수립되어 운영되고 있었다"(p. 32). "1949년 민주주의가 무너졌을 때 콜롬비아 정치에는 대부분 변화가 없었다. 체제는 여전히 과두제였다……"(p. 32). "콜롬비아 민주주의의 연합적 성격은 분명히 과두제적이었다"(p. 34).

10 이 점에 있어서도 우루과이는 예외적 사례이다. "지금도 우루과이의 소득분배는 남미에서 가장 균등할 것이다"(Gonzalez 1982b, 27).

11 나는 이런 요소들을 토크빌의 결사체에 대한 다음과 같은 논의들에서 추론했

다. 정치결사(1권 12장), 시민의 생활(2권 2부 5, 6, 7장), 법률가(1권 16장), 기타 "미국에서 다수의 전제를 완화시키는 요인들"(1권 16장)과 "미국에서 민주주의적 공화정을 유지시키는 요인들"(1권 17장). 토크빌은 분명히 1권의 16장과 17장을 구분하고자 했지만, 그 요인들의 효과는 민주주의와 자유를 모두 보전하는 데 있기 때문에, 나는 둘을 구분하지 않는다.

3 ___ 민주주의와 경제 질서

1 이 문제에 대한 내 생각을 정리하면서 여러 사람의 도움을 받았다. 참고문헌에도 수록되어 있는 데이비드 엘러먼(David Ellerman)의 미간행 논문들에서 큰 도움을 받았으며, 대학원 세미나 '기업의 통치'(Government of Economic Enterprise)와 학부 세미나 '일터에서의 민주주의'(Democracy at Work)에 참여했던 학생들의 논문과 토론에서도 큰 도움을 받았다.

2 미국에서는 일반적으로 노동자(workers)와 종업원(employees) 모두, "한 조직에서 임금이나 봉급을 직접 받는 모든 사람들"을 지칭하지만 간혹 의미를 구분하는 경우도 있다. 그러나 이 글에서는 혼용해서 쓰고 있다. 자주 관리 기업(self-managed enterprises) 지지자 가운데 일부는 노동자 관리(labor-managed) 체계와 노동자 관리(worker-managed) 체계를 구분하기도 하지만 그 차이가 분명하지는 않다 (Vanek 1975; Vanek 1970, 6-7; Schweickart 1980, 52-53; Selucky 1979, 180).

3 한 조사에 따르면, 1978년까지 3천여 개 기업이 종업원 지주제를 채택했다. 그러나 "다수의 종업원이 주식의 대부분을 소유하는" 형태는 90여 개에 불과했다. 더구나 종업원 지주제를 통해 종업원이 소유한 기업은 대부분 "조세 감면을 목적으로 봉급 수준에 따라 주식을 배분했기 때문에 경영자에게 소유권이 집중되어 있다"(Select Committee on Small Business 1979, 2). 하지만 만약 종업원이 다수를 점하고 1인 1표를 행사한다면 종업원 지주제도도 자치 기업과 같은 기능을 수행할 수 있다. 1980년, 래스 패킹 사가 이런 방식으로 재조직되었다(Gunn 1981, 17-21).

4 예를 들어, 미국 연방 정부는 1983년 제너럴모터스 사와의 민사소송에서 이 회

사가 1980년형 X모델 자동차에 심각한 브레이크 결함이 있다는 점을 알면서도 이 자동차를 판매했다고 주장했다. 정부는 1980년부터 1982년까지 교통부가 결함을 조사하기 위해 정보를 요청했을 때 '거짓 자료'(*The New York Times* 1983/08/04, A1, 1983/08/15, A17)를 제출했다고 주장했다. GM의 고위 임원이었던 존 들로리언(John DeLorean) — 그의 이후 행동을 보면 그의 주장에 의심이 가긴 하지만 — 은 폰티악(Pontiac), 쉐보레(Chevrolet) 그리고 GM 그룹의 수장으로서 내부자의 시각을 가지고 있었고, 코베어(Corvair) 자동차에 관한 진술도 유사한 것이었다.

5 1969년, 미국 성인 인구 가운데 1.3퍼센트, 전체 주식 소유자 가운데 5.6퍼센트가 모든 주식의 53.3퍼센트를 소유했다(Smith, Franklin and Wion 1973, table 5). 그리고 "전 가구의 5퍼센트 가량이 배당금, 이자소득, 임대 소득, 특허 소득 가운데 40퍼센트를 가져간 데 반해, 하위 3분의 2 가구가 이런 종류의 소득 가운데 가져가는 몫은 20퍼센트 이하이다"(Schnitzer 1974, 38). 그러나 피터 드러커(Peter Drucker)는, 이런 자료들이 노동자들을 위해 GM이 연기금을 조성한 1950년 이후 연기금이 급속히 확대되고, 연기금을 주식에 투자해 기업의 소유권을 갖기도 한다는 점을 고려하지 않았기 때문에, 부가 집중되고 재산소득이 불평등하다는 평가는 과장되었다고 주장했다. 그는 1974년 연기금이 주식시장에서 거래되고 있는 모든 기업의 주가 총액 가운데 30퍼센트를 소유하고 있다고 평가했다. 그리고 1985년까지 이 비율은 50퍼센트로 확대될 것이라고 예상했다. 자영업자 연금(Keogh Plans), 개인 퇴직연금 저축계정제도(Individual Retirement Accounts), 그리고 공무원 연금을 합하면 "적어도 50퍼센트 정도가 되며, 향후 10~15년 이내에 연기금 소유 주식은 65~70퍼센트에 이를 것"으로 예상했다(Drucker 1976, 12, 16).

6 높은 보상금이 예외적인 성과에 대한 보상이라는 논증은 이치에 맞지 않다. 140여 개 대기업에 관한 『포춘』(*Fortune*)의 조사에 따르면 고위 경영자의 보너스와 주식 배당금으로 측정된 성과 사이에는 아무런 상관관계가 없는 것으로 나타났다. 10개의 산업에 관한 조사에 따르면 오직 한 산업, 즉 철강 산업에서만이 "임금과 실적 사이에" 상관관계가 나타났다. 오히려 "완벽한 것은 아니지만 기업 규모와 임금 간에 상대적으로 높은 상관관계가 나타났으며, 어떤 다른 상관관계보다 유의미했다"(Loomis 1982, 44, 49). 『이코노미스트』(*The Economist*)가 실시한 영국의 100대 기업에 관한 1982년 조사도 유사한 결론을 보여 주고 있다. "대부분의 영국

산업에서 사장의 임금과 법인 업무 실적은 별다른 관계가 없다. 기업의 규모가 고위층의 임금 수준을 더 잘 설명해 준다"(*The Economist* 1982/09/18, 75ff.).

7 "1968년 유고슬라비아 최대 기계생산업체에서 가장 높은 봉급인 월 2,993디나를 받고 있던 사람은 한 숙련공이었다"(Dirlam and Plummer 1973, 66).

8 유고슬라비아에서 많은 실례를 찾아볼 수 있다. "한 기업 내에서 숙련도에 따라 임금격차가 발생하는 것은 근무 원칙에 어긋나지 않는 분배로 보며, 산업 간 격차보다도 이데올로기적으로 문제가 되지 않는다"(Comisso 1979, 108; '불평등 이슈'에 관한 주장을 참고, 94-115). 그리고 조엘 더램(Joel B. Dirlam)도 "1973년에 유고슬라비아 임금체계를 검토해 본 결과 임금수준이 각 산업의 평균 생산성에 따라 차이가 있으며, 평균 생산성은 산업의 자본 투입량으로 설명할 수 있다. 게다가 자본대 노동 비율이 높은 산업일수록 높은 임금을 지급하는 경향이 있다"(Dirlam 1979, 347)라고 말했다. "1956년부터 1974년까지 산업 간, 기업 간 임금격차"를 분석했던 솔 에스트린(Saul Estrin)은 한 산업 내에서 기업 간 소득 격차가 크다는 점을 발견했다. 평균적으로 전체 산업에서 "10~14퍼센트 정도의 기업이 전체 평균 임금의 2분의 1 이하 또는 2배 이상을 받았다"(Estrin and Bartlett 1982, 95). 1968년에 섬유산업체에서 일하는 노동자의 평균 개인소득은 디자인 산업 노동자의 3분의 1이었으며, 해운업체에서 일하는 노동자의 40퍼센트 이하였다(Dirlam and Plummer 1973, table 4-1).

4 ___ 기업 내 민주주의에 대한 권리

1 엘러먼의 주장에 따르면, 자치 기업에서도 노동조합은 특히 "충성스러운 야당"의 기능을 수행한다는 점에서 중요하다(Ellerman, "The Union as the Legitimate Opposition," n.d.).

2 예를 들어 Vanek(1970, 2-3)과 Jay(1980, 17)를 보라.

3 이런 이론적 논증과 그 밖의 논증에 대해서는 『유고슬라비아에서 기업 자주 관리의 효과 : 경험적 조사』(*The Effects of Enterprise Self-Management in Yugoslavia*

: *An Empirical Survey*)(Estrin and Barrett 1982)가 잘 요약·평가해 주고 있다. 잘 알려진 초기의 이론적 연구로는 워드의 책들(Ward, 1957, 1958, 1967)을 참고하라. 한 가지 이론적 논증을 소개하자면 다음과 같다. 매일 100개의 제품을 생산하는 1백 명의 종업원을 둔 기업을 가정해 보자. 제품은 개당 2백 달러에 판매되고 있으며, 비노동 생산 요소(설비, 건물, 원료 등)는 개당 150달러라고 하자. 노동자에게 돌아갈 수 있는 총수익은 5천 달러로, 1인당 50달러가 된다. 고용을 두 배로 늘리면 개당 비용이 똑같은데 생산량은 150개로 증가한다고 하자. 구성원들에게 배분될 수 있는 총수익은 7,500달러로 증가하겠지만, 1인당 몫은 37.5달러로 줄어들게 된다. 따라서 (구성원들이 이타적이지 않다면) 구성원들은 기업의 고용을 확대하는 데 반대할 것이다. 그런데 기존 구성원들의 소득을 보장해 주기 위해 더 낮은 임금으로 노동자들을 추가 고용하는 것이 법적으로 문제가 없다면, 이 사례에서는 신규 노동자들의 임금이 25달러 이하가 되어야만 할 것이다. 이런 특이 사례는 페루의 노동자 관리 협동조합(worker-controlled cooperation) 체계에서 찾아볼 수 있다(Stepan 1978, 216ff.).

4 더램과 플러머에 따르면 자주 관리 기업은 "워드의 모형과는 달리 가격이 상승할 때 산출을 줄일 것으로 보이지 않는다. 오히려 고정비용과 선불 임금(akontacija)과 같은 비용을 보전할 수 있도록 가격을 결정한다. 기업의 재무구조를 개선하기 위해 노동자들은 고용을 줄이려고 할 수도 있다. 그런데 이 경우는 사적으로 소유한 경영자라고 해도 마찬가지의 결정을 할 수밖에 없는 상황이다"(1973,57). 여기서 말하는 선불 임금은 결국은 월 급여와 마찬가지인데, 계획했던 비용보다 추가로 수익이 발생한 경우에 나눠 갖는 (일반적으로 해마다 지급되는) 상여금(visak)과는 다르다.

5 추정에 따르면 최근까지 유고슬라비아의 투자 비율은 국민소득의 35~40퍼센트로 높은 수준을 유지하고 있다(Sirc, in Clayre 1980, 166, 194; Rusinow 1977, 127도 참조). 하지만 이처럼 유별나게 높은 투자 비율은 부분적으로는 장기 대출의 실질적 이자율이 매우 낮아서 심지어는 마이너스로까지 내려간다는 점, 그리고 상환 불이행시 변제를 강제할 수 없다는 점(이자율이 높은 단기 대출도 마찬가지이다), 실제로는 파산이 없다는 점, '정치적' 성격의 대출이 많다는 점 등에 기인하기도 한다(Estrin and Barlett 1982, 90-93; Dirlam and Plummer 1973, 183). 많은 유고슬라비아 경제학자들은 투자 비율이 지나치게 높고, 소비에는 지나치게 과

중한 비용을 강제하고 있다고 주장했다. 1960년대 중반에 이 문제에 관한 논쟁은 시장의 힘을 비난하는 '보수주의자'와 시장의 힘을 오히려 강화시킬 필요가 있다고 보던 '자유주의자' 간에 전개되었다(Rusinow 1977, 126ff). 은행과 신용 제도에 대한 잦은 개혁에도 불구하고 유고슬라비아 경제는 1983년까지 깊은 침체에 빠졌다. 그리고 1983년 경제 개발 계획에서는 공공 투자가 20퍼센트 삭감되었다 (*The New York Times* 1983/01/09, 6).

6 최초의 메이드네르 플랜은 여러 반대에 부딪히면서 1980년까지 점점 복잡한 형태를 띠게 된다. 여기에서 말하고 있는 설명은 부분적으로 피터 스웬슨(Peter Swenson)의 미간행 논문인 "민주적 의제에 입각한 사회주의 : 기업에서의 노동자 소유와 통제를 위한 스웨덴안"(Socialism on the Democratic Agenda : The Swedish Proposal for Labor Ownership and Control in Industry)(1980)에 따른 것이다. 논문에 있는 정보들을 사용할 수 있도록 허락해 준 스웬슨에게 감사를 표한다. 또한 1983년 4월 26일부터 28일까지 [이탈리아] 페루자에서 열린 '민주주의의 한계'에 대한 회의에서 발표된 보 구스타프손(Bo Gustafsson)의 논문 "공동결정과 임노동자 기금, 스웨덴의 경험을 중심으로"(Co-determination and Wage Earners' Funds, the Swedish Experience)에서도 도움을 받았다.

7 스웨덴 사회민주당은 1982년 선거에서 이 계획안을 공약으로 내세우지 않았지만 집권 이후 1983년 사업가들과 사무직 노동자들의 거센 반발에도 불구하고 이 계획안을 입안해 실행했다.

5 ___ 소유, 리더십 그리고 자치 기업으로의 전환

1 유고슬라비아에서도 중앙정부가 재정·금융정책 통제권이 없어 인플레이션, 실업, 국제수지 적자 그리고 부와 소득에 있어서 개인 간 그리고 지역 간 불평등 같은 문제들에 대처할 만한 수단이 부족했다. 더램과 플러머가 이야기하듯이, "1971년 헌법 개정은 중앙정부의 기능을 지나치게 제한했는데, 이는 밀턴 프리드먼(Milton Friedman)이나 [저널리스트이자 미국 보수주의 운동의 저명한 지도자인-옮긴이] 윌리엄 버클리(William Buckley, Jr.) 교수가 봐도 수용할 수 없을 정도이다."

2 "성공한 합판 협동조합에서는, 지분 한 주의 값이 6만 달러에서 8만 달러에 달했다"(Ellerman 1982, 15).

3 1982년 몬드라곤 협동조합연합의 경우 "조합비는 약 25퍼센트 하락한 5천 달러로, 2년에 걸쳐 급여에서 공제했다. 평균적으로 조합 가입비는 일자리 창출에 필요한 비용의 10퍼센트 정도를 충당한다"(Ellerman 1982, 10).

4 여기서 논의하지는 않겠지만 이스라엘의 히스타드루트(Histadrut)[이스라엘 노동자 총연맹]와 같은 노동조합들은 특별한 사회적 소유 형태를 갖고 있다. 이보다는 간접적이긴 해도 스웨덴의 종업원 투자 기금[임노동자 기금](Employee Investment Funds)도 이런 형태를 띠고 있다.

5 "기업의 필요에 따라 일부 자산은 처분할 수 있다. 하지만 여기서 사금은 기업 자금으로 사용되어야만 한다. 도산할 경우에는 청산이 가능하나 오직 국가의 감독 아래에서만 가능하다"(Dirlam and Plummer 1973, 22).

6 엘러먼의 판단에 따르며 "몬드라곤의 타당성 검사는 상당히 정교하고 믿을 만해서 미국의 MBA보다 더 나은 결과를 보여 주고 있다"(1982, 32).

참고문헌

Allen, William S. 1965. *The Nazi Seizure of Power*. Chicago: Quadrangle Books.

Becker, Lawrence C. 1977. *Property Rights*. London: Routledge & Kegan Paul.

Bennett, Leamon J. 1979. "When Employees Run the Company: An Interview with Leamon J. Bennett." *Harvard Business Review 57(January-February)*: 75-90.

Berman, Katrina V. 1982. "The Worker-Owned Plywood Companies." In *Workplace Democracy and Social Change*, edited by Frank Lindenfeld and Joyce Rothschild-Whitt. Boston: Porter Sargent.

Bermeo, Nancy. 1982. "The Revolution Within the Revolution: Workers' Control in Rural Portugal." Ph.D. diss., Yale University.

Bertsch, Gary K. and Josip Obradovic. n.d. "Power and Responsibility Under Self-Managing Socialism: Leadership Values Among Yugoslav Managers." Mimeo.

Bluestone, Barry. 1980. "Roundtable on Jobs and Industrial Policy." *Working Paper 7(November-December)*: 47-59.

Blum, John M., et al. 1963. *The National Experience*. New York: Harcourt Brace.

Botana, Natalio R. 1977. *El orden conservador: La política argentina entre 1880 y 1916*. Buenos Aires: Editorial Sudamericana.

Brest, Paul. 1975. *Process of Constitutional Decisionmaking: Cases and Materials*. Boston: Little, Brown.

Clayre, Alasdair, ed. 1980. *The Political Economy of the Third Sector: Cooperation and Participation*. Oxford: Oxford University Press.

Comisso, Ellen Turkish. 1979. *Workers' Control Under Plan and Market*. New Haven: Yale University Press.

Commons, John R., et al. 1936. *History of Labor in the United States*. Vol. 2. New York: Macmillan.

Comptroller General. 1980. *Report to the Committee on Finance of the United States Senate, Employee Stock Ownership Plans: Who Benefits Most in*

Closely Held Companies? Gaithersburg, Md.: U.S. General Accounting Office.

Dahl, Robert A. 1947. "Workers' Control of Industry and the British Labor Party." *American Political Science Review* 41(October): 875-900.

_____. 1971. *Polyarchy: Participation and Opposition.* New Haven: Yale University Press[『포리아키』, 최호준 옮김, 거목, 1987].

_____. 1979. "Procedural Democracy." In *Philosophy, Politics and Society, Fifth Series,* edited by Peter Laslett and James Fishkin. New Haven: Yale University Press.

_____. 1982. *Dilemmas of Pluralist Democracy.* New Haven: Yale University Press[『다원민주주의의 딜레마』, 신윤환 옮김, 푸른산, 1992].

_____. 1983. "Federalism and the Democratic Process." In *Liberal Democracy,* Nomos 25, edited by J. Roland Pennock and John W. Chapman. New York: New York University Press.

Dennison, Edward. 1974. *Accounting for U.S. Economic Growth, 1929-1969.* Washington, D.C.: Brookings Institution.

Dirlam, Joel B. 1979. "Some Problems of Workers' Self-Management Specific to Integrated, Cyclical, Oligopolistic Industries: Steel." *Economic Analysis and Workers' Management* 13 (3): 339-54.

Dirlam, Joel B. and James L. Plummer. 1973. *An Introduction to the Yugoslav Economy.* Columbus, Ohio: Charles E. Merrill.

Drucker, Peter. 1976. *The Unseen Revolution: How Pension Fund Socialism Came to America.* New York: Harper & Row.

Elden, J. Maxwell. 1981. "Political Efficacy at Work." *American Political Science Review* 75(March): 43-58.

Ellerman, David P. 1980a. "Property and Production: An Introduction to the Labor Theory of Property." Somerville, Mass.: Industrial Cooperative Association.

_____. 1980b. "Property Theory and Orthodox Economics." In *Essays on the Revival of Political Economy,* edited by Edward J. Nell. Cambridge: Cambridge University Press.

_____. 1982. "The Socialization of Entrepreneurialism: The Empresarial Division of the Caja Laboral Popular." Somerville, Mass.: Industrial Cooperative Association.

_____. n.d. "The Employment Relation, Property Rights and Organizational

Democracy." Somerville, Mass.: Industrial Cooperative Association.

_____. n.d. "The Union as the Legitimate Opposition in an Industrial Democracy." Somerville, Mass.: Industrial Cooperative Association.

Estrin, Saul and William Bartlett. 1982. "The Effects of Enterprise Self-Management in Yugoslavia: An Empirical Survey." In *Participatory and Self-Managed Firms: Evaluating Economic Performance,* edited by Derek Jones and Jan Svejnar. Lexington, Mass.: D. C. Heath.

Fishkin, James S. 1979. *Tyranny and Legitimacy.* New Haven: Yale University Press.

Germani, Gino. 1969. "The Transition to a Mass Democracy in Argentina." In *Reform and Revolution,* edited by Arpad von Lazar and Robert R. Kaufman. Boston: Allyn & Bacon.

Gil, Federico G. 1966. *The Political System of Chile.* Boston: Houghton Mifflin.

Gillespie, Charles G. 1982. "The Breakdown of Democracy in Uruguay: Alternative Political Models." Paper presented at the Twenty-first World Congress of the International Political Science Association, Rio de Janeiro, 9-14 August 1982.

Gonzalez, Luis E. 1982a. "Uruguay 1980-81: Una Apertura Inesperada." Paper presented at the tenth national meeting of the Latin American Studies Association, Washington, D.C., 4-6 March 1982.

_____. 1982b. "Ideology, Party Identification and the Prospects for Democracy in Uruguay." Department of Political Science, Yale University. Typescript.

Greenberg, Edward S. 1981. "Industrial Self-Management and Political Attitudes." *American Political Science Review* 75(March): 29-42.

Gunn, Christopher. 1981. The Fruits of Rath: A New Model of Self-Management." *Working Paper* 7(March-April): 7-21.

Gustaffson, Bo. 1983. "Co-Determination and Wage Earners' Funds: The Swedish Experience." Uppsala: Uppsala University.

Hagtvet, Bernt. "The Theory of Mass Society and the Collapse of the Weimar Republic: A Re-Examination." In *Who Were the Fascists? Social Roots of European Fascism,* edited by Stein U. Larsen, Bernt Hagtvet and Jan P. Myklebust. Bergen: Universitetsforlaget.

Herman, Edward S. 1981. *Corporate Control, Corporate Power*. Cambridge: Cambridge University Press.

Hirschman, Albert. 1970. *Exit, Voice and Loyalty*. Cambridge, Mass.: Harvard University Press[『떠날 것인가, 남을 것인가 : 기업 조직 및 국가의 퇴보에 대한 반응』, 강명구 옮김, 나남, 2005].

Hofstadter, Richard. 1965. *The Paranoid Style in American Politics: And Other Essays*. New York: Knopf.

Jay, Peter. 1980. "The Workers' Cooperative Economy." In *The Political Economy of the Third Sector: Cooperation and Participation*, edited by Alasdair Clayre. Oxford: Oxford University Press.

Jones, Derek and Jan Svejnar(eds.). 1982. *Participatory and Self-Managed Firms: Evaluating Economic Performance*. Lexington, Mass.: D. C. Heath.

Kornhauser, William. 1959. *The Politics of Mass Society*. New York: Free Press of Glencoe[『대중사회의 정치』, 홍순옥 옮김, 제민각, 1990].

Lepsius, M. Rainer. 1978. "From Fragmented Party Democracy to Government by Emergency Decree and National Socialist Takeover: Germany." In *The Breakdown of Democratic Regimes: Crisis, Breakdown and Requalibrium*. Baltimore: Johns Hopkins University Press.

Lindblom, Charles E. 1977. *Politics and Markets: The World's Political-Economic Systems*. New York: Basic Books[『정치와 시장 : 세계의 정치경제체계』, 주성수 옮김, 인간사랑, 1989].

Linz, Juan J. and Alfred Stepan. 1978. *The Breakdown of Democratic Regime: Crisis, Breakdown and Requalibrium*. Baltimore; Johns Hopkins University Press.

Locke, John. 1689/1970. *Two Treatises of Government*. 2d ed. Edited by Peter Laslett. Cambridge: Cambridge University Press[『통치론』, 강정인·문지영 옮김, 까치글방, 2007].

Loomis, Carol L. 1982. "The Madness of Executive Compensation." *Fortune* (July 12): 42-52.

Mason, Ronald. 1982. *Participatory and Workplace Democracy*. Carbondale: Southern Illinois University Press.

Meidner, Rudolf. 1978. *Employee Investment Funds*. London: Allen & Unwin.

Melman, Seymour. 1958. *Decision-Making and Productivity*. Oxford: Basil

Blackwell.

Michels, Robert. 1915/1962. *Political Parties.* New York: Collier Books[『정당사
회학』, 김학이 옮김, 한길사, 2002].

Mill, John Stuart. 1861/1958. *Considerations on Representative Government.*
Edited by Currin U. Shields. New York: Bobbs-Merrill["대의정치론",
『세계사상대전집 24』, 권태일·이순용 옮김, 양우당, 1988].

Miller, David. 1977. "Socialism and the Market." *Political Theory* 5
(November): 473-89.

Ministry of Labour, Denmark. 1973. *Economic Democracy, Introduction and
Bill (Translation).* Copenhagen.

Morlino, Leonardo. 1980. *Come Cambiano i Regimi Politici.* Milan: Franco
Angelo Editore.

Nozick, Robert. 1974. *Anarchy, State and Utopia.* New York: Basic Books[『아
나키에서 유토피아로』, 남경희 옮김, 문학과지성사, 1997].

Obradovic, Josip. 1970. "Participation and Work Attitudes in Yugoslavia."
Industrial Relations 9(February): 161-69.

_____. 1972. "Distribution of Participation in the Process of Decisionmaking
on Problems Related to the Economic Activity of the Company." In
Participation and Self-Management, edited by Eugen Pusic, vol. 2.
Zagreb: Institute for Social Research.

O'Donnell, Guillermo. 1978. "Permanent Crisis and the Failure to Create a
Democratic Regime: Argentina, 1955-66." In *The Breakdown of
Democratic Regimes: Crisis, Breakdown and Requalibrium,* edited by
Juan J. Linz and Alfred Stepan. Baltimore: Johns Hopkins University
Press.

Okun, Arthur M. 1975. *Equality and Efficiency.* Washington, D.C.: Brookings
Institution[『평등과 효율 : 갈등 구조의 분석 및 조화의 방안』, 이영선 옮
김, 현상과 인식, 1993].

Oleszczuk, Thomas. 1973. "Representatives of Workers' Councils." *American
Political Science Review* 72: 1368-70.

Ortega y Gasset, José. 1930/1961. *The Revolt of the Masses.* London: Allen &
Unwin[『대중의 반역』, 황보영조 옮김, 역사비평사, 2005; 장선영 옮김,
누미노스, 2010]

Pateman, Carole. 1970. *Participation and Democratic Theory.* Cambridge:
Cambridge University Press.

Pendle, George. 1963. *Uruguay.* 3d ed. Oxford: Oxford University Press.

Peterson, Merrill D., ed. 1966. *Democracy, Liberty and Property: The State Constitutional Conventions of the 1820's.* Indianapolis: Bobbs- Merrill.

Pusic, Eugen, ed. 1972. *Participation and Self-Management.* Vol. 2. Zagreb: Institute for Social Research.

Rae, Douglas. 1981. *Equalities.* Cambridge, Mass.: Harvard University Press.

Rawls, John. 1971. *A Theory of Justice.* Cambridge, Mass.: Harvard University Press, Belknap Press[『정의론』, 황경식 옮김, 이학사, 2003].

Rusinow, Dennison. 1977. *The Yugoslav Experiment, 1948-1974.* Berkeley and Los Angeles: University of California Press.

Schlatter, Richard. 1951. *Private Property: The History of an Idea.* New Brunswick, N.J.: Rutgers University Press.

Schnitzer, Martin. 1974. *Income Distribution: A Comparative Study of the United States, Sweden, West Germany, East Germany, the United Kingdom and Japan.* New York: Praeger.

Schweickart, David. 1980. *Capitalism or Worker Control?* New York: Praeger.

Select Committee on Small Business, U.S. Senate. 1979. *The Role of the Federal Government and Employee Ownership of Business.* Washington, D.C.: Government Printing Office.

Selucky, Radoslav. 1979. *Marxism, Socialism, Freedom: Towards a General Democratic Theory of Labour-Management Systems.* New York: St. Martin's Press.

Silk, Leonard and David Vogel. 1976. *Ethics and Profits.* New York: Simon & Schuster.

Simmons, John and William Mares. 1983. *Working Together.* New York: Knopf.

Smith, James D., Stephen D. Franklin and Douglas A. Wion. 1973. "The Distribution of Financial Assets." Washington, D.C.: The Urban Institute.

Smith, Peter H. 1978. "The Breakdown of Democracy in Argentina, 1916-30." In *The Breakdown of Democratic Regimes: Crisis, Breakdown and Requalibrium,* edited by Juan J. Linz and Alfred Stepan. Baltimore: Johns Hopkins University Press.

Stepan, Alfred. 1978. *The State and Society: Peru in Comparative Perspective.* Princeton: Princeton University Press.

Thomas, H. and C. Logan. 1982. *Mondragon: An Economic Analysis*. London: Allen & Unwin.

Tocqueville, Alexis de. 1856/1955. *The Old Regime and the French Revolution*. Garden City, N.Y.: Doubleday[『앙시앵 레짐과 프랑스혁명』, 이용재 옮김, 박영률출판사, 2006].

_____. 1835, 1840/1961. *Democracy in America*. 2 vols. New York: Schocken Books[『미국의 민주주의』1·2, 임효선·박지동 옮김, 한길사, 1997].

Vanek, Jaroslav. 1970. *General Theory of Labor-Managed Market Economies*. Ithaca, N.Y.: Cornell University Press.

_____(ed). 1975. *Self-Management, Economic Liberation of Man*. New York: Penguin.

Verba, Sidney, Norman H. Nie and Jae-on Kim. 1978. *Participation and Political Equality*. Cambridge: Cambridge University Press.

Verba, Sidney and Goldie Shabad. 1978. "Workers' Councils and Political Stratification: The Yugoslav Experience." *American Political Science Review* 72: 80-95.

Ward, B. N. 1957. "Workers' Management in Yugoslavia." *Journal of Political Economics* 65(October): 373-86.

_____. 1958. "The Firm in Illyria: Market Syndicalism." *American Economic Review* 48(September): 566-689.

_____. 1967. *The Socialist Economy: A Study of Organizational Alternatives*. New York: Random House.

Wilde, Alexander W. 1978. "Conversations Among Gentlemen: Oligarchical Democracy in Columbia." In *The Breakdown of Democratic Regimes: Crisis, Breakdown and Requalibrium*, edited by Juan J. Linz and Alfred Stepan. Baltimore: Johns Hopkins University Press.

Wills, Gary. 1978. *Inventing America: Jefferson's Declaration of Independence*, Garden City, N.Y.: Doubleday.

Witte, John F. 1980. *Democracy, Authority and Alienation in Work*. Chicago: University of Chicago Press.

Wootton, Graham. 1966. *Workers, Unions and the State*. London: Routledge & Kegan Paul.

Wright, J. Patrick. 1979. *On A Clear Day You Can See General Motors*. New York: Avon.

Zwerdling, Daniel. 1980. *Workplace Democracy*. New York: Harper & Row.

찾아보기